你和别人拼的不是时间，
而是
时间管理

潘鸿生 ——— 编著

新华出版社

图书在版编目（CIP）数据

你和别人拼的不是时间，而是时间管理 / 潘鸿生编
著 . -- 北京：新华出版社，2019.8
　ISBN 978-7-5166-4826-1

　Ⅰ.①你… Ⅱ.①潘… Ⅲ.①时间—管理—通俗读物
Ⅳ.①C935-49

中国版本图书馆 CIP 数据核字 (2019) 第 185117 号

你和别人拼的不是时间，而是时间管理

编　　著：潘鸿生

责任编辑：孙大萍　　　　　　　　封面设计：U+Na 工作室

出版发行：新华出版社
地　　址：北京石景山区京原路 8 号　　邮　　编：100040
网　　址：http://www.xinhuapub.com
经　　销：新华书店、新华出版社天猫旗舰店、京东旗舰店及各大网店
购书热线：010-63077122　　中国新闻书店购书热线：010-63072012

照　　排：博文设计制作室
印　　刷：永清县晔盛亚胶印有限公司

成品尺寸：145 mm×210mm　1/32
印　　张：7　　　　　　　　　　字　　数：150 千字
版　　次：2019 年 9 月第一版　　印　　次：2019 年 9 月第一次印刷

书　　号：ISBN 978-7-5166-4826-1
定　　价：38.00 元

前　言

　　你是不是为挤出一点时间而焦头烂额？

　　你是不是总感觉时间不够用，需要更多的时间？

　　你是不是总是四处奔忙，想更多地享受生活，但没有时间？

　　你是不是很难平衡生活与工作，总是顾了这头，顾不了那头？

　　你不是经常加班工作，每天很少有时间陪家人？

　　你是不是觉得该做的事太多，但又不知道该如何选择？

　　你是不是常常感觉身心疲惫，从早忙到晚，虽然工作干了很多，但却效率很低？

　　……

　　问题的根本在于你没有很好地管理时间。无法管理时间，就无法管理生命。无数事实证明：要想改变自己的命运，必须先管理好自己的时间，充分发挥和利用自己的每一分钟，让每一分钟时间都实现价值的最大化。

　　当代，随着科学技术特别是互联网的普及所引起的信息革命的爆发，使时间产生了增值效应，正以几何级数成倍增长，能否有效地运用时间，提高时间管理的艺术，成为决定成就大小的关键因素。成功学大师拿破仑·希尔说过："利用好时间非常重要，如果不能充分利用一天的时间，那么这二十四小时便会白白浪费，我们将一事无成。"诚如拿破仑·希尔所说，促使一个人成功或失败，不完全是个人能力、把握机遇等方面，很大程度上在于是否能够合理安排时间、分配时间。也许在你眼中毫不起眼的几分钟，却是别人获得成功的制胜关键。所以说，谁能够把握时间，谁会利用时间，谁就能最早接近成功的终点。

提起"时间管理"这个词语，很多人认为它是一门太过于高深的学问，其实不然，时间对于我们每个人都是公平的，我们每天拥有的 24 个小时都是平等的，想要将你的时间变为财富，你就需要学习如何管理你的时间。

所谓时间管理是指通过事先规划和运用一定的技巧、方法与工具实现对时间的灵活以及有效运用，从而实现个人或组织既定目标的一种方法。时间管理的关键不在于时间的多少，而在于如何管理。它可以帮助你把每一天、每一周甚至每个月的时间进行有效的合理安排。运用这些时间管理技巧帮你统筹时间，对于每个人来说都是非常重要的。

随着现代生活节奏的加快，时间已经成为极其宝贵的资源。如何利用好时间，对时间进行高效管理，是每一个人生命中的必修课。本书通过大量实例，让你身临其境的体会时间管理的重要意义，帮助你最大限度地利用时间，并由此提升个人工作效率和有效性。

现在，让我们开始学习吧。

目 录

第一章 时间价值：你不可不知的时间管理

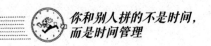
第二章　明确目标：方向正确才能用好时间

第三章　提高效率：让每一分钟为未来增值

第四章　自动自发：主动做好每一件该做的事情

第五章　绝不拖延：用最短的时间采取大量的行动

第六章 用对方法：效率永远是最重要的事情

第七章 高效管理：打造高效率的团队

目　录

第一章 时间价值：
你不可不知的时间管理

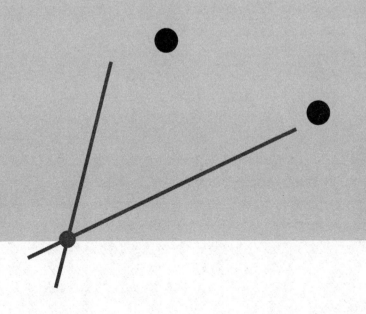

我们真的很忙吗？

当今社会，"忙"是很多人的一个状态或口头禅。现实生活中，你是否时常有这样的感觉？从早忙到晚，手头似乎总有做不完的事情；时间总是感觉不够用；工作了一整天也没有什么成果；总感觉自己被工作追着跑，压得自己透不过气……很多人都是"两眼一睁，忙到熄灯"，"忙"已经成为人们生活的常态。经常听到有人在抱怨：说自己很累、很忙，没有时间，但是你是否想过你为什么总是这么忙，你的时间都去哪了呢？

张凌是公司的一名行政人员，工作有几年了，按理来说，她对日常工作的把控应该是游刃有余了，但她却总是觉得自己的时间不够用。其实，她的日常工作很简单，一般来说，只要完成每天的常规工作之后，就有大把的空余时间可以自行安排。但是不知道从什么时候起，当部门的其他人员悠闲地收拾东西准备下班时，张凌总还在手忙脚乱的处理当天必须做完的工作。

"张凌，下班了！我们一起逛街去吧。"同事小王招呼说。

"唉，今天不行啊，我的月报表还没做完呢，明天再不交，主管就要发飙了，今天只能加班了。"张凌的办公桌上各种文件资料摆得满满当当，她一边打字，一边翻找资料，手忙脚乱的。

"啊？我们的报表上周就已经交了，你怎么现在还没交啊？"小王很惊讶。

张凌无奈地说，"我上周忙着做其他的工作，一直没抽出时间来做呢。"

小王疑惑的问，"上周很忙？我怎么不觉得？"

张凌不高兴的回答，"你手脚快，做事麻利，我动作慢，做事拖拉行了吧。"

"好吧。"小王也不想碰钉子，挥挥手，下班了。

一直忙到晚上八点，张凌终于把报表赶了出来。第二天，张凌去交报表的时候，主管果然说了她两句："整个部门就等你一个人的报表，就算你不想争第一，也不要拖大家的后腿吧？"

张凌低声为自己辩解说，"我这不是一直在忙嘛。"

主管对张凌的态度有些不满，"大家都能按时交上来，你的意思是说，只有你一个人很忙？还是你把大家的工作都做完了？"

张凌沉默不语。她闷闷不乐的回到自己的办公桌前，想起主管的批评，实在没心情工作。"等一下再做好了，先看看微博转换下心情。"张凌这样想到。于是她习惯性的打开微博，浏览起最近的大小新闻和娱乐趣事。她的心情似乎开始变好了。

时间过的真快啊！转眼，要下班了，张凌才关掉微博，开始写今天要交的报告。

临下班的时候，小王招呼了一声，张凌嘴里嘟囔着你先走吧，我要加班，眼睛盯着电脑屏幕，很专心。

"你怎么回事啊？上班的时候不做正事，只顾看微博，非得等到下班了才开始做事。你看你多久都没下班和我一起逛街了。"小王有些埋怨地说。

　　小王的话让张凌心头一跳。这个晚上，张凌失眠了。她翻来覆去的思考自己近段时间的"忙碌"生活。上班忙，下班也忙，但是工作却没有什么进展

　　时间都去哪了？她仔细回忆了一下：上班第一件事总是开QQ，玩QQ小游戏，小半个上午就没了；中午休息的时候总是看微博逛淘宝，有时候来了兴致，整个下午都花在了网购上；其他的工作时间，也常常被用来浏览明星八卦。她的工作时间，居然被这些事情压制得无限延后，一直延到老板批评她的地步。

　　"忙"，本来是好事，是受重视与有能力的表现，更是成就自己事业的基础。但如果像上例中张凌这样如此低效率、低价值的"忙"，如此失去自我的"忙"，很容易让人掉入"忙、茫、盲"的恶性循环，最终结果也必将是一事无成。

　　工作中，忙要有意义和高效的产出。这才是真正的忙碌。因为这种忙碌=充实=快乐。所以，当你说出"忙"这个字的时候，你可曾认真地想过：你所忙的事情有多少是真正意义上的"忙"，有多少是盲目而迷茫的"忙"？有多少是暂时性阶段性的忙，有多少是长期性例行性的忙？如果忙到没有一点自己可以自由支配的时间，那你的时间管理的意识不够强，很多人的时间都是在不知不觉甚至是在忙忙碌碌中消逝掉的。

　　伟大的发明家爱迪生曾经说过，成功是百分之一的灵感加上百分之九十九的汗水，然而很多时候汗水流干也不见得有成果。其实很多人不成功的原因就在于不会有效率的利用自己的时间，换而言之，就是不会时间管理。如果学会了时间管理，一切问题都会迎刃而解了。

　　什么是有效的时间管理？有句话说得非常好："有效的时间管理，就是一种追求改变和学习的过程。"时间对于每个人都是

公平的，一个人的一天永远只有24个小时，有的人可以过得很从容，有的人却常常把自己弄得凌乱不堪。"没有时间"是个蹩脚的借口，有没有时间都是你自己选择的结果。

王芳是某公司老板的助理，她总是向朋友抱怨工作时间长，薪水太少。有一天，她又向朋友抱怨工作太辛苦，朋友问了她的日常工作情况后，终于明白了问题的所在：原来，王芳每天都把全部的时间用来处理那些日常任务（也就是上班第一天时老板交给她的工作）如接打电话、收发传真、整理文件、领客人参观、回答问题、管理办公用品等等。这些常规工作几乎占据了她所有的时间，结果使得她根本没有时间来完成更多的工作。

朋友建议王芳，给每天的工作订一个计划，列了个时间表，一步一步地去完成工作。实行了一段时间后，王芳很快从工作中发现了乐趣，工作做得非常好，得到了老板的表扬和认可。

可见，时间管理是多么的重要。因此，我们避免将时间和精力花在琐事上，要学会合理分配我们的时间和精力。

那么，如何管理呢？你只需要从两个方面着手，一是正视你的时间，二是建立主观意识。

正视你的时间要注意以下几个问题：第一，计算时间。你一定要清楚知道每天可以支配多少时间，有多少时间我们可以自由使用？哪一段时间我可以整段使用？为每段时间做一个注释计算，这是管理时间的第一步；第二，规划时间。对时间进行统一的规划，即便是每小时、每分钟、每秒钟，你都要有一个规划，这样的规划可以使你做到心里有数；第三，分配时间。在规划时间之后，你可以根据时间的长短来分配不同的任务。如果你上午效率高，那么重要的事就安排在上午，如果你喜欢从下午开始工作，那么重要的事都安排在下午。需要注意的是，有一个例外，那就是紧急的事，无论是上午还是下午，当遭遇紧急的事情时，你必须停下手中的工作，开始处理紧急的事务。

建立主观意识，就是要端正管理时间的态度、树立管理时间的观念、养成管理时间的习惯。很多人都有一个习惯，早晨闹钟响起后第一步不是起床，而是关掉闹钟继续睡；明明半个钟头可以完成的事情，非要做一个小时；很多人接到工作之后的第一项并不是开始工作，而是要给自己缓冲时间，慢慢地进入到工作的状态……其实这都是借口，如果这种不良想法处理失当的话，很容易造成拖延，这不利于时间管理，长此以往自然而然被时间所管理。所以，从起床闹钟响起的那一刻，就要告诉自己"现在就起床"，不要因为时间还充裕，就拖延起床时间，更不能因为习惯于"等候好情绪"，便花费很多时间以"进入状态"为借口而不起床。这其实是一个习惯的养成，如果你在这件事情上能做到，在其他方面自然也会做到。所以为什么还赖在床上呢，赶快起来学习时间管理，别再浪费时间了。

学习时间管理对你的人生有很大的好处，会比别人更快地成长，自己想要的生活也会随之而来，从现在开始做时间的主人吧！

时间是生命之舵

法国思想家伏尔泰在中篇小说《查第格》中，讲了这样一则

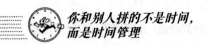

既有趣又颇发人深省的故事：

"世界上哪样东西最长又是最短的，最快又是最慢的，最能分割又是最广大的，最不受重视又是最值得惋惜的；没有它，什么事情都做不成；它使一切渺小的东西归于消灭，使一切伟大的东西生命不绝。"这是什么？众说纷纭，捉摸不透。

后来，有一个叫查第格的智者猜中了。他说："最长的莫过于时间，因为它永远无穷无尽；最短的也莫过于时间，因为它使许多人的计划都来不及完成；对于在等待的人，时间最慢；对于在作乐的人，时间最快；它可以无穷无尽地扩展，也可以无限地分割；当时谁都不加重视，过后谁都表示惋惜；没有时间，世界上什么事都不可能做成；对于一切不值得后世纪念的，会随着时间的推移使人淡忘；而对于一切堪称伟大的，时间能使其永垂不朽。"

时间意味着什么？"时间就是金钱"这种观念似乎早已经深入人心。但实际上，在时间和金钱之间，还有效率和财富。也就是说，争分夺秒——提高效率——创造更多的财富才是现代人的时间观念。时间比钱还要珍贵，珍惜时间就是珍惜生命。

时间，看不见摸不着，但时间是我们生活中最重要的东西。生命是由时间构成，我们假设一个人能活80岁，每天睡觉8个小时，一生将有233600个小时用在睡觉上，大约是9733天，合26年7个月，那么这个人还剩下53年零5个月的时间做其他的事情。假设他每天吃早、午饭各用去30分钟，吃晚饭用1个小时，这样每天用于吃饭的时间就是两个小时，80年将在吃饭上用掉58400个小时，合2433天，相当于6年零7个月，那么这个人还剩下46年零10个月。假设这个人每天用于个人卫生的时间是一个小时，80年又将用掉3年零4个月，这样人还剩下43年零6个月的时间。再减去每天用于休闲、娱乐的时间是3个小时，80年将耗掉87600个小时，也就是整整10年的时间。那么这个人还剩下33年零6个月的时间。再假设他每天在上班途中、购物上用的时间为3个小时，80年就意味着另外一个10年的耗费，这样只剩下了23年零6个月的时间了。再减去他每年用在旅游、度假、生病等事情上的时间为15天，那么80年就是1200天，也就是3年零3个月，这样还剩下20年零3个月。一个寿命是80岁的人，大约只有18年零1个月的时间用来投身自己喜欢的事业。所以，一个人一生的时间并不是很多，一寸光阴一寸金，寸金难买寸光阴。

古今中午许多伟人、成功者视时间为生命，对时间无比珍惜。文学家高尔基曾经说过："我是怀着忧郁的心情计算我一生的岁月的。使我心灵苦恼的是这个思想：什么我也没有破坏得了！什么我也没有创造出来！不过，我还要瞧！我要写作！我并不装腔作势，大海上的拍岸的浪潮在叫嚣，心灵里产生出新的旋律——心灵燃烧得像篝火一样，当烧成灰烬的时候我得死掉——但在死亡以前，我要照亮某些东西，我要给某些人加热——使他们变得暖热起来！"高尔基每天都在"怀着忧郁的心情"计算着有多少可以让他"拼命"的日子，所以他每天工作得像一个苦役犯一样，脊背痛得要裂开似的，感到维苏威火山的山峰在他背上生长出来。"拼命"式的"充实劳动"就是学徒高尔基成为伟大文豪的最根本原因。

时间是一个人前进的阶梯。任何人想要成就一番事业，都不可能一蹴而就，都必须踩着时间的阶梯一级一级攀登。英国大哲学家培根说过："时间是衡量事业的标准。"我们在赞叹那些成功者成就大小的时候，实际上是使用了时间这个尺度。伟人们有限的一生中，做出了超越常人的贡献，这就是他们的伟大之所在。

前苏联昆虫学家柳比谢夫十分善于管理自己的时间，他的成功也是和管理时间密不可分的。从26岁，柳比谢夫开始实行自己的"时间统计法"，每天都要进行核算，日清月结，年终总核算并订出下年的计划。他还有自己一生中的许多个"五年计划"。5年之后就把自己的时间支出和事业成就作一番对比研究，从中找出得失，吸取教训。直到他去世的那一天，56年如一日，从不让时间白白流逝，所以他的一生取得了很大成就，发表了70余部科学著述，而且每篇论文都有时间的"成本核算"。请看看他《论生物学中运用数字的前景》一书的"成本核算"。这是他写在手稿的最后一页上的：

准备提纲（翻阅其他手稿和参考文献）14小时30分。

写作29小时15分。

共费43小时45分，共8天，1921年10月12日到19日。

这多么像一个时间的"会计师"，从原料到加工，到完成产品，都有详细的成本核算，都说时间对每个人都是平等的，谁有紧迫感，谁珍惜时间，谁勤奋，谁就可以得到时间老人的奖赏。这个道理并不深奥。

时间是人人都拥有的财富，但并不是所有的人都能理解它的价值。有的人把时间视为生命的一切，有的人仅将其当作用餐和睡眠的刻度。放弃时间的人，时间也会放弃他。时间不可空过，要用之于做有益的工作；只要我们把精力花在有益的事情上，使各项工作有序进行，虽然实际时间并不会增加，但是时间耗费少了，从某种意义上说，就是提高了时间的利用价值。

富兰克林曾经说过："你热爱生命吗？那么你就别浪费时间，因为时间是组成生命的材料。"人的生命是有限的，我们不能绝对地延长寿命，但通过时间管理，却可以相对地将生命延长。

浪费时间就是浪费生命，就让我们一起行动起来吧，用好每一分每一秒，把有限的生命投入到无限的工作之中。提高工作的效率，提高生活的质量，让生命的价值在有限的时间里尽量发挥，这样就等于增加了生存的"密度"，扩充了有限生命的内涵，我们的生命也因此变得更有价值，我们的工作也会更有意义！

珍惜可以支配的每一分钟

时间是人生最大的财富。一个人的生命是有限的，如何珍惜时间、有效地利用人的短暂的一生，去成就更辉煌的事业，这是有志之士认真思考对待的人生课题。

屠格涅夫说得好："没有一种不幸可与失掉时间相比了。"如果你不懂得珍惜时间，你无疑染上了最坏的习惯。时间意味着一切，那些在人生路上有所建树的人大都有着良好的时间习惯。如果你也想像他们一样，突破自己，成为一个成功者，那么，请好好珍惜时间，它会给予你无穷的回报。

在古代埃及，有一个美凯利诺斯法老，是一个非常善良的人，也是非常相信神的人。可是，有一天，从布兴市来了一个人，说他还有六年的寿命，第七年就一定要死。于是，他就去质问神灵，得到明确的答复后，他就下令制造了许多

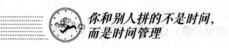
烛灯，每天晚上就点起灯来，饮酒作乐，打算把黑夜变成白天，把六年的时间变成十二年，以此来度过人生。

其实，每个人争取时间就是为了多做些有意义的事情，如果，这样度过人生，那么，多余的时间又有什么用呢？

人生以时间为尺度计算其长短，事业以时间为标准衡量其成败。没有时间，也就没有生命，没有存在，没有思想，没有希望，也就没有一切。一切都存在于时间之中，时间是一切条件中的基本条件，不珍惜时间就得不到生命的价值。

现代人追求时间，就是追求效益，追求在有效的时间内做更多的事情，从而使自己人生丰富多彩，能够充分实现人生价值。

有这样一位成功人士，他每天早上5点起床，先做早操，然后吃早点、看报纸，接着开车去上班，车上听的不是路况报道，而是语言录音带，有时也听演讲录音带。由于早出门，因此不会塞车，到达办公室差不多7点半，他又用7点半到9点这段时间把其他报纸看完，并且做了剪报，然后，准备一天上班所要的资料。中午他在饭后小睡30分钟，下午继续工作，到了下班，他会利用一个多小时看书，在7点左右回家，因为不堵车，半小时可回到家吃晚饭。在车上，他仍然听录音带或演讲录音带。吃过饭后，看一下晚报，和太太小孩聊一聊，便溜进书房看书、做笔记，一直到11点上床睡觉。

他和别人不一样，因为他的一天有48小时，也就是说他一天做的事情是别人两天才能做完的事情。很显然，他的成就超过了他的同龄人。其实他也没什么法宝，他只是不让时间白白地流逝罢了。

一个人的生命是有限的，如何珍惜时间、有效地利用人的短暂的一生，去成就更辉煌的事业，这是有志之士认真思考对待的人生课题。

生命对于每个人来说都是珍贵的，也是有限的，那就应该在有限的生存时间里把握好每一分钟，不让碌碌无为占据生命的每一个空隙。有人说过："人的生命只不过有很多分钟而已，你必须好好利用每一分钟。"

一分钟能干什么？能带给我们什么？能使我们获得什么？能让我们领悟什么？也许这一切只有我们经历过了，才知道它能干什么？时光飞逝，转瞬即逝，没有一个人能逃脱生老病死，也许你这一刻还活在世上的某一个角落里，到了下一刻不知自己是否还能存活在世上，时间总是那么的快，一个人来到世上只需一分钟，离开这个世上也只需要一分钟，你说一分钟对我们重要不重要？

著名的教育家班杰曾经接到一个向往成功、渴望指点迷津的年轻人的电话，待说明来意后，班杰和他约好了见面的时间和地点。

当年轻人如时赴约时，不禁被眼前的景象惊呆了——班杰的房门大开着，里面乱七八糟，十分狼藉。这时班杰走出来和他打招呼："看，我这里太乱了，请稍等一分钟！"然后关上了门。过了一分钟班杰打开门并热情地把他迎进屋里，此时他眼前却是一个非常整齐的房间，各种物品摆放得井井有条。正当他惊讶时，班杰将一杯酒递给他："干杯！年轻人，现在你已经得到答案了吧？""可是我还没有向您请教呢？"年轻人很不解，"难道这还不够吗？"班杰一边指着自己的房间一边说，"你进来又有一分钟了！"，

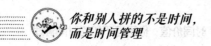
"一分钟！"他若有所思地说，"我懂了您让我明白了一分钟的时间可以做很多的事情！"

一分钟虽短，价值却无限。如果你紧紧的把握住它，它将会给你带来无限的财富；如果你轻视它，它只会给你带来无尽的伤悲。

哲人曾说过，珍惜时间，利用时间的人才是生活的强者。有的人一辈子活得庸庸碌碌，其实不是他们不聪明、不努力，而是没有利用好时间；相反，有的人一举成名天下知，是因为他们能够利用好人生当中的每一分钟，做驾驭时间的主人。一个人的生命价值，取决于这个人对时间利用的多少。生命每一段、每一分、每一秒都是值得珍惜的，应把每一分钟都当成最后一分钟来对待，让每分钟都过得有价值、有意义。

时间是最宝贵的财富，若没有时间，计划再好，目标再高，能力再强，也是空的。倘若你不满意今天的生活，那就应该反思几年前的行为；倘若你希望几年后有所改变，那从今天起就要学会好好利用时间。

从现在开始，就让我们一起行动起来吧，用好每一分每一秒，把有限的生命投入到无限的生活之中。提高生活的质量，让生命的价值在有限的时间里尽量发挥，这样就等于增加了生存的"密度"，扩充了有限生命的内涵，我们的生命也因此变得更有价值，我们的生活也会更有意义！

认识时间的价值

世界上有一个奇怪的银行，他给每人都开了一个账户，每天都往这个账户上存入同样数目的资金，如果你当天用完，余额不能记账，也不得转让。如果你不用，第二天就自动作废。这笔财富就是时间。

时间是人生最大的财富。如果说昨天是一张作废的支票，明天是一张没有兑现的期票，那么，只有今天才是握在手里的现金。既然人生最宝贵的财产已经掌握在你的手中，我们就好好地安排时间，利用时间。

"记住，时间就是金钱。假如说一个每天能挣10个先令的人，玩了半天或躺在沙发上消磨了半天，他以为他在娱乐上仅仅花了6个便士而已。不对！他还失掉了他本可以挣得的5个先令。金钱就其本性来说，绝不是不能升值的。钱能生钱，而且它的子孙还会有更多的子孙。谁杀死一头生仔的猪，那就是消灭了它的一切后裔，以于它的子孙万代，如果谁毁掉了5先令的钱，那就是毁掉了它所能产生的一切，也就是说，毁掉了一座英镑之山。"这是美国著名的思想家本杰明·富兰克林的一段名言，它通俗而又直接地阐释了这样一个道理：如果一个人想在工作上有所成就，必须重视时间的价值。

在富兰克林报社前面的商店里，一位犹豫了将近一个小时的男人终于开口问店员了："这本书多少钱？"

"一美元。"店员回答。

"一美元？"这人又问，"你能不能少要点？"

"它的价格就是一美元。"没有别的回答。

顾客又看了一会儿，然后问："富兰克林先生在吗？"

"在，"店员回答，"他在印刷室忙着呢。"

"那好，我要见见他。"这个人坚持一定要见富兰克林。于是，富兰克林就被找了出来。

这人问："富兰克林先生，这本书你能出的最低价格是多少？"

"一美元二十五分。"富兰克林不假思索地回答。

"一美元二十五分？你的店员刚才还说一美元一本呢！"

"这没错，"富兰克林说，"但是，我情愿倒给你一美元也不愿意离开我的工作。"

这位顾客惊异了。他心想，算了，结束这场自己引起的谈判吧，他说："好，这样，你说这本书最少要多少钱吧。"

"一美元五十分。"

"又变成一美元五十分？你刚才不还说一美元二十五分吗？"

"对。"富兰克林冷冷地说，"我现在能出的最好价钱就是一美元五十分。"

这人默默地把钱放到柜台上，拿起书出去了。这位著名的物理学家和政治家给他上了终生难忘的一课：对于有志者，时间就是金钱。

时间的价值正如金钱的价值，体现在人们的价值观上。每个人对待时间的观念不同，价值也就不同。如果你珍惜时间，它就是一块金子; 如果你不珍惜, 它便是一块废铁。

"时间就是金钱"的观念早已深入人心, 而对于我们来讲, 做好时间管理不仅意味着丰厚的经济利益, 更能令自己的事业突飞猛进。一位投资专家说过: 在时间和金钱这两项资产中, 时间是最宝贵的。如果你想让时间为你增值, 那么, 你赚钱的速度就要以秒来计算, 要分秒必争地捕捉瞬息万变的商业信息。

萨姆·沃尔顿自建立起沃尔玛特零售连锁商店后, 他就采用先进的信息技术为其高效的分销系统提供保证。公司总部有一台高速电脑, 同20个发货中心及上千家商店连接。通过商店付款柜台扫描器售出的每一件商品, 都会自动记入电脑。当某一商品数量降低到一定程度时, 电脑在一秒钟内就会发出信号, 向总部要求进货。当总部电脑接到信号, 在几秒钟内调出货源档案提示员工, 让他们将货物送往距离商店最近的分销中心, 再由分销中心的电脑安排发送时间和路线。这一高效的自动化控制使公司在第一时间内能够全面拿捏销售情况, 合理安排进货结构, 及时补充库存的不足, 降低存货成本, 大大减少了资本成本和库存费用。

萨姆·沃尔顿还在沃尔玛特建立了一套卫星交互式通讯系统。凭借这套系统, 沃尔顿能与所有商店的分销系统进行通讯。如果有什么重要或紧急的事情需要与商店和分销系统交流, 沃尔顿就合走进他的演播室并打开卫星传输设备, 在最短的时间内把消息送到那里。这一系统花掉了沃尔顿7亿元, 是世界上最大的民用数据库。

沃尔顿认为卫星系统的建立是完全值得的, 他说: "它节约了时间, 成为我们的另一项重要竞争。"

如果说, 以分来计算时间的人比用时来计算时间的人, 时

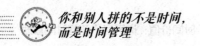
间多59倍的话，那么以秒来计算时间的人则比用分来计算时间的人又多59倍。沃尔顿建立的高科技通讯系统，可以说每分钟都是钱。

时间无价，因为虚掷一寸光阴即是丧失了一寸执行工作使命的宝贵时光。因此，那些让时间白白流走，或是花费在无为的玄思漫想中的行为是毫无价值的，而如果是以牺牲人的日常工作为代价的那么必将遭到严厉的谴责。所以从今天起，面对人生或工作时，不要浪费时间，要珍惜时间，同时也要善于利用时间，让时间有价值地增长。

从前，有一位年轻人成日无所事事，觉得无聊，就去拜访一位禅师。

禅师笑呵呵地问他："年轻人，你来找我，有什么事吗？"

年轻人面无表情地说："哎，我觉得活着很没有意思！希望大师能给我指明一条道路，让我未来有方向可走。"

禅师疑惑地问："你现在不是活得好好的吗？还有什么祈求？"

年轻人长叹一声说："我至今仍一无所有，我想让自己的生活富有起来。"

禅师一听，呵呵笑说："先生，你现在还不富有吗？你不是和常人一样，每天有86400秒的时间吗？"

"时间？时间对我有什么用处？我每天打发时间都打发不掉，它既不能当荣誉，也不能换来金钱，唉！"

禅师肃然地说："你认为生命中最富有的是什么？"

年轻人摇摇头说："不知道！要是知道的话，我不会每天这么迷茫。"

"你不认为时间是这个世界上最珍贵的东西吗？"

年轻人摇了摇头，平淡无奇地说："感觉不出来，要是时间珍贵的话，我不会成日那么无聊，一分分浪费时间。"

"你当然感觉不到时间的珍贵！试想一下，如果一个乘机的游客错过一分钟，这一分钟值多少钱？如果一个"幸运儿"刚刚死里逃生，那抢救的每一分钟值多少钱？如果一名百米短跑的运动员与金牌失之交臂，一毫秒又值多少钱？如果……"

年轻人久久地听着，好像明白了许多，羞愧地低下了头。

禅师转过脸来问他："现在，你知道生命中什么最富有吗？"

年轻人吞吞吐吐地说："时间，还是时间。"

禅师欣慰地笑说："这才对吗！你已找到了人生的航向，脚下的路会慢慢明朗起来。"

可见，意识到时间的重要性，人生的方向也就会豁然开朗。一个人如果不能有效利用时间，那就会被时间俘虏，成为时间的弱者。而一旦在时间面前成为弱者，他将永远是一个弱者，因为放弃时间的人，同样也会被时间放弃。

时间是需要认知的，认知时间并非一件很容易的事情，它需要我们投入很多心力去仔细思考，而"时间意识"就是在这种思考当中产生的，这种思考往往是一种自觉状态。

最佳的"时间意识"是一种对于时间的整合能力，也是对于活用时间的把握，不论是在将时间分节、分段或界定时间在不同地方的不同价值等各方面，都能达到最正确的把握，这就是最佳的"时间意识"。

为什么现实中的你常有力不从心的感觉？为什么有些人永远欲速而不达，适得其反？这都是因为他们在现实生活中面对时间

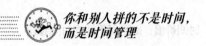
而感到束手无策而造成的，最终他们变成了时间的奴隶，乖乖地被时间牵着鼻子走。既然我们想做分身有术之人，就必须努力成为时间的主人，去管理和控制它，让它为我们服务。只有这样，我们才能摆脱时间的束缚，让自己得到更加幸福的生活和更好的发展。

树立现代管理的时间观念

　　为了更有效地完成自己的日常工作与生活计划，我们必须先把时间管理做好。

　　也许有人会提出质疑："时间是不可控制的，它正在一分一秒地溜走，怎么可能管理时间呢？"确实如此，时间的流逝是不由人控制的，没有人能"控制"时间，人们真正所能控制的其实是自己，也就是自己管理时间的方法。这里所说的时间管理，就是让你能够用最短的时间或在预定的时间内，把事情做好。

　　当今社会，时间管理能力已被列为人们立足社会的重要能力之一，它之所以重要是因为我们每个人都是在时间的长河中开始人生的旅程，每个人的生命都是在时间中发展。谁能够把握时间，谁会利用时间，谁就能最早接近成功的终点。美国著名的管理学大师杜拉克曾说过："时间是世界上最短缺的资源，除非严加管理，否则就会一事无成。"所以，无论是谁，学会时间管理，都是自我管理的一项重要任务。

　　郑先生是一家公司的部门经理，这天早上和往常一样，他走进办公室，看到桌子上一叠报表，感到很头疼。但是迫于工作需要，他只好静静地坐下来，认真地审阅。当看了一部分后，秘书走了进来，告诉他有一位客户要见他。

郑先生毫不在意地说："让他先在会议室等一会，我马上就过去。"

大约一杯茶的时间，郑先生走进了会议室，看见客户正焦急地在徘徊，他马上满脸堆笑地说："真抱歉，我今天的事情太多了，实在抽不出时间。"

客户听了他的话，非常气愤地说："既然你是在没有时间，那么我们改天再谈吧。"

说完，客户转身就走了。郑先生不知所措地看着客户的背影消失在门口。

第二天，郑先生被公司辞退了，因为他的行为使公司失去了一个重要的客户。

如果我们不会有效地安排和利用时间，就会像故事中的郑先生一样，严重影响工作效率，最终被职场淘汰出局。

生活中，有的人整日在忙碌中度过，却无所作为；而有些人却可以轻松自在、从容不迫地工作和生活，这并不是因为他们拥有的时间多少不同，关键在于是否有效地管理和利用了时间。

时间的管理和利用，看来平淡无奇，其实它的意义远大于管理时间。因为时间若利用不当，压力就接踵而来，而生命，也就杂乱无章。所以时间管理，也是压力管理，更是生命管理。

管理学家杰克·弗纳认为，时间管理就是有效地应用时间这种资源，以便我们有效地达成个人的重要目标。需要注意的是，时间管理本身永远不应该成为一个目标，它只是一种被我们使用、并且逐步成为行为习惯的工具。

　　某公司的老板要赴海外公干，且要在一个国际性的商务会议上发表演说。他身边的几名要员都忙得头晕眼花，要把他赴洋公干的所需要的各种文件都准备妥当。在该老板赴洋的那天早晨，各部门的主管也来送机。老板看着其中一个睡眼惺忪帮助他撰写英文文件和数据的主管说："你负责的那份文件等我到了以后再用电讯传给我吧，反正现在也不急着用。"谁知那位主管却从公文包里拿出了文件，说："我已经连夜写出来了，我怕您想在飞机上看看。"老板看着那位主管通红的眼睛和已经整理的好的文件，什么也没有说，拍了拍那位主管的肩膀，让他回去好好休息。没过多久，那位老板回来以后，就提升了这位主管，原因就在于他是一个与时间赛跑的人，能为公司创造更高的利益。这位主管因为善于和时间赛跑，所以成了赢家，将自己的工作做到了位，也得到了老板的赏识。他就是一个主宰时间的范例。

　　美国前总统林肯先生曾说过："每个人都要树立时间观念，都应珍惜时间，要学会利用有限的时间，在限定的时间内办完事，把握零碎的时间，做好时间管理的计划。"的确如此。时间管理的目的，是要能帮助你我，把时间做最有效率的运用，完成我们所珍视的人生目标。也可以这么说，时间管得好，我们就能有时间做完该做的事，并能享受所想做的事。

　　时间管理是个人管理的一部分，即如何更有效地安排自己的工作计划，掌握重点，合理有效地利用工作时间。简而言之，时间管理的目标是掌握工作的重点，其本质是管理个人，是自我的一种管理。其要素与核心是：改变的是思想而不是行为，是一种思维方式的变革。这种时间管理强调的是一种人生的远景，而这种人生远景的一个宗旨就是要学习怎么去思考未来，所以它是一种改变，这种改变是一种思想的改变，而不是行为的改变，是一种思维方式的变革。时间管理的目的除了要决定你该做些什么事情之外，另一个很重要的目的就是决定什么事情你不应该做。时间管理不是完全的掌控，而是降低变动性。时间管理最重要的功能是通过事先规划，为行为做出提醒与指引。它所管理的对象不是"时间"，而是在时间范畴内发生的各种事务。

在日常工作执行中，时间管理是一种有目标的可靠的工作技巧，其关键在于对事情的控制，即把每一件事情都能够控制得很好。例如，如何安排你的生活，怎样去规划你的职业生涯或者工作的步骤，关键是合理有效地利用可以支配的时间。

一个人若要获得事业上的成功，离不开有效的时间管理。就企业而言，有效的时间管理可以让企业提高工作效率，减少管理成本，在规定时间内完成超额的任务。有效的时间管理可以让员工自己掌握正确的时间管理技巧，制订适合自己的时间管理计划，拥有充分的个人休闲时间。

有效的时间管理是我们最应该具备的智慧之一。之所以有那么多人不懂得有效管理时间不是因为他们缺乏时间管理工具，而是没有从认识上加以重视。因此，我们应该重视时间管理，清楚自己的时间使用情况。

赢得时间，就可以赢得一切。因为时间管理的关键就是事情的控制，所以能够把事情控制得很好，就能够赢得时间。因为时间就是生命的本身，连自己生命本身都管理不好，还能管理些什么呢？

把握今天，赢得未来

生活在今天，从现在开始，做现在的事情。只有现在才有成功。昨天的事情已经过去了，不管成功还是失败，统统忘掉。从昨天的时间里走出来，你才有新生。时间是世人的君主，是他们的父母，也是他们的坟墓。今日，你如何利用你的时间是很重要的，因为时间是一去而不复返的。

西方有这样一句谚语："昨天已成为历史，明天神秘不可测，只有今天才是弥足珍贵的。"这反映在人生哲学中就是"活在当下"。时间的流逝是无法阻挡的，要避免因时间而造成的延误与遗憾，你就要把握住时间，毕竟，"早起的鸟儿有虫吃"。在激烈的竞争中，如果你能占得时间上的先机，你成为大赢家的可能性就会大大增加。

时间对每个人来说只有现在，因为过去已不可回头，而未来不可预测。正是因为这样，才更加彰显出今天的弥足珍贵。懂得时间的重要后，你才能成为一个勤勤恳恳、脚踏实地地做事的人。做事有计划、有想法，而不是因生活的空虚浪费时间。

如果在可以把握的今天里，你不去努力奋斗、好好生活，让自己的生命在今天的每一秒里都活得充实而有意义，那么，在以后的日子里，你的成功就会被你碌碌无为、不思进取的低质量生活状态所淹没。不要总觉得人的一生很漫长，即使现在按每个人平均寿命80岁算起，每个人的一生不过2万9000天，减去你已经生活过的日子，算算你还剩下多少个"今天"或者"明天"？人生百年几今日，今日不为真可惜。不珍惜当下的时间，那么未来一定不会属于你。

美国盲人女作家海伦·凯勒在自传《假如给我三天光明》中写道："有时我想，要是人们把活着的每一天都看作是生命的最后一天，该有多好啊！这就更能显出生命的价值。"如果你把每一天都当成生命里的最后一天，你还会浪费自己每一天的生命吗？如果你珍视自己的每一天，好好生活，你将在某一天发现原来一切皆在掌握之中。

基督教徒在饭前都会做祷告："感谢主赐给我今天的面包和食物。"注意！不是明天的面包或上个礼拜的面包，而是今天的面包。人类社会的发展历史证明，人们想要从悲剧中活下来的方法就是，每次只过一天的生活。这样的古老哲学思想可以让人们度过人生最艰苦的时刻，从而怀着希望去面对未知的明天。尽管明天很难预测，但把握今天却是切实可行的。不把当下的时间虚度，就为赢得未来打下了良好的基础。

如果你没有把握住现在，那么你就会失去许多和你近在咫尺的机会。虽然事先的行动计划是你做所有工作的前提，但是，当你在做一件工作时，就别计划着另一件工作，而应当把正在做的工作做完。也就是说，不管你想什么或做什么，首先应该好好地把精力放在你所想或所做的事情上。例如，当你和人谈话的时候，就一心一意地谈话；当你工作的时候，就把心思放在手上的工作上。

享誉世界的我国书画家齐白石先生，90多岁后仍然每天坚持作画，"不叫一日闲过"。有一次，齐白石过生日，他是一代宗师，学生、朋友非常多，许多人都来祝寿，从早到晚客人不断，先生未能作画。第二天，一大早先生就起来了，顾不上吃饭，走进画室，一张又一张地画起来，连画5

张，完成了自己规定的今天的"作业"。在家人反复催促下吃过饭他又继续画起来，家人说"您已经画了5张，怎么又画上了？""昨天生日，客人多，没作画，今天多画几张，以补昨天的'闲过'呀。"说完又认真地画起来。齐白石老先生就是这样抓紧每一个"今天"，正因为这样，才有他充实而光辉的一生。

抓住现在的时光，这是你能够有所作为的唯一时刻。不要因为介意昨天的事，而毁了你今天的努力。假如我们不能充分利用今日而让时间自由虚度，那么它将一去不返。

只有把握现在，你才有可能赢得自己想要的未来。每个时刻都给你提供了许多选择，而这些选择就构成了你的结局。思想是行为的种子，行为创造了习惯，习惯形成了性格，而你的性格则创造了你的结局。从今天起，把你心思的焦点放在眼前，而不要放在你已经做了或将要做的事上。

人生不是一成不变的，既然昨天已属于过去，你就应该告别昨天，向着今天、明天积极进取。很多人往往以为向过去告别很难，其实只要你真正想改变，过去的你是丝毫不会影响你未来成为什么样的人的。

在美国新泽西州的一所小学里，有一个由26个孩子组成的特殊班级，被安排在教学楼里一件很不起眼的教室里。他们都是一些曾经失足的孩子，有的吸过毒，有的进过少管所，家长、老师和学校对他们非常失望，甚至想放弃他们。学校里有一位叫菲拉的女教师主动要求接手了这个班。菲拉的第一节课，并不像以前的老师那样整顿纪律，而是在黑板上给大家出了一道选择题，让学生们根据自己的判断选出一位在后来能够造福于人类的人。

有三个候选人，他们分别是：a.笃信巫医，有两个情妇，有多年的吸烟史而且嗜酒如命；b.曾经两次被赶出办公室，每天要到中午才起床，每晚都要喝大约1公升的白兰地，而且有吸食鸦片的纪录；c.曾是国家的战斗英雄，一直保持素食的习惯，不吸烟，偶尔喝一点啤酒，年轻时从未做过违法的事。

大家都选择了c。菲拉公布了答案：a是弗兰克林·罗斯福，担任过四届美国总统；b是温斯顿·丘吉尔，英国历史上最著名的首相；c是阿道夫·希特勒，法西斯恶魔。大家都惊呆了。

此时，菲拉说："孩子们，你们的人生才刚刚开始，过去的荣誉和耻辱只能代表过去，真正能代表一个人一生的，是他现在和将来的作为。从现在开始，努力做自己一生中自己最想做的事情，你们都将成为了不起的人。"这一番话改变了这26个孩子一生的命运，其中就有今天华尔街最年轻的基金经理人——罗伯特·哈里森。

因此，未来对于每个人来说，都是一张白纸，如何书写，完全取决于今天的你。人生就是如此，不要为打翻的牛奶而哭泣，也不要为昨日的荣誉所沉迷。这是人学会告别的一个方法，如果你总是停留在原来的位置，过去的烦恼或成绩都会成为你前进路上的绊脚石。岳飞说得好："莫等闲，白了少年头，空悲切。"我们要以珍惜的态度把握时间，从今天开始，从现在做起——记住！现在做起！——现在！

第二章 明确目标：
方向正确才能用好时间

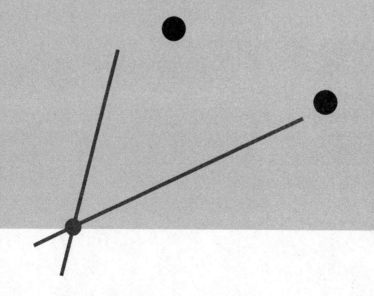

明确的目标是时间管理的前提

俗话说"好的开始是成功的一半"。时间管理的目的是让你在最短时间内实现更多你想要实现的目标。其本质，是以目标为中心，效率为原则，辅助各种管理手段和方法，最终实现人生价值。所以目标管理是时间管理的前提，没有方向性的时间管理，哪怕学会了所有的方法技巧，也是毫无意义的。

托尔斯泰说：一个人应该有一生的目标，有一年的目标，有一个月的目标，有一个星期的目标，有一天的目标，有一个小时的目标，有一分钟的目标。这可能就是他成功的秘诀之一。一个人是否能发挥自己的聪明才智，关键在于他的心中是否有明确的目标。

有一年，一群意气风发的天之骄子从美国哈佛大学毕业了，他们即将开始穿越各自的玉米地。他们的智力、学历、环境条件都相差无几。临出校门，哈佛对他们进行了一次关于人生目标的调查。结果是这样的：

27%的人，没有目标；

60%的人，目标模糊；

10%的人，有清晰但比较短期的目标；

3%的人，有清晰而长远的目标。

以后的25年，他们穿越玉米地。

25年后，哈佛再次对这群学生进行了跟踪调查。结果是

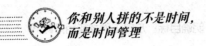
这样的：

3%的人，25年间他们朝着一个方向不懈努力，几乎都成为社会各界的成功之士，其中不乏行业领袖、社会精英；

10%的人，他们的短期目标不断实现，成为各个领域中的专业人士，大都生活在社会的中上层；

60%的人，他们安稳地生活与工作，但都没有什么特别的成绩，几乎都生活在社会的中下层；

剩下的27%的人，他们的生活没有目标，过得很不如意，并且常常在埋怨他人、抱怨社会、抱怨这个"不肯给他们机会"的世界。

上面这组数据告诉我们：只有为自己树立一个明确的目标，才能在生活和事业中取得丰硕的成果。

没有目标，我们的梦想便是无的放矢，无处依归。有了目标，才有斗志，从而开发我们的潜能，并促使我们为之寻找到达目的地的方法。

有了目标就必须要明确它。因为模糊不清的目标不但不能帮助你到达成功的彼岸，反而会让你陷入迷惑之中，让你觉得成功太遥远，可望而不可即。

许多优秀的成功人士都有过这样的切身感受：明确的目标会带给你创造的激情火花，它就像成功的助推器，会推动你向理想靠近或飞跃。当你规划自己的生活和事业时，千万别低估了制定可测目标的重要性。只有制定明确的目标，这样才能看到方向，不至于忙忙碌碌却无所收获。

有一位研究者，针对目标改变行为的人进行研究。他发现，目标定得最明确的人，达到目标的机会最大。

有个人失踪了，在某个黄昏失踪在茫茫的沙漠之中。他是为了去寻找另一个失踪者而失踪的。到了第二天清晨，另一个失踪者回来了，他却没有回来。

回来的失踪者说：他曾遇到过沙暴，处境十分艰难。但他明确了自己所在的位置，他的目标是营地，所以他终于回来了。

去寻找失踪者的人，一定也遇到了沙暴，他一定也十分艰难，但他失踪的原因却在于：他的目标是寻找失踪者，他在一心一意的寻找中并没有固定的位置，所以他真的失踪了。

一句英国谚语说："对一艘盲目航行的船来说，任何方向的风都是逆风。"

没有明确的目标，就如同大海中的船舶失去了灯塔的指引，永远无法靠岸。而明确自己的目标，则能找到方向，为工作和生活带来奇迹。我们不是预言家，却能够用一个简单的问题，预测一个人的未来。如果问："你的人生有何明确的目标？你计划如何达成目标？"大多数的情况下，问100个人同样的问题，其中有98个人会这样回答："我要让自己过得好，努力追求成功。"这个答案乍一听，似乎言之有理，但是仔细一想，你就会发现，真正成功的人，都有明确的目标及切实的执行计划。

一位记者在采访前美国财务顾问协会的总裁刘易斯·沃克时问道："一个人不成功的主要因素是什么呢？"

沃克回答："模糊不清的目标。"

当记者请沃克作进一步的解释时，沃克说："在几分钟前我就问你：你的目标是什么?你说希望有一天可以拥有一栋房子，这就是个模糊不清的目标。问题就在你所希望的'有一天'不够明确。因为目标不够明确，成功的机会也就

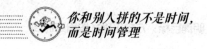
不会大。"

沃克接着说："如果你真的希望在山上买一栋小屋，你
必须先找到那座山，计算出那间小屋的现值，然后考虑通货
膨胀等因素，计算出若干年后这栋房子值多少钱；然后你必
须决定，为了达到这个目标每个月要存多少钱。如果你真的
这么做了，你可能在不久的将来就会拥有山上的那栋小屋。
但你如果只是说说笑笑而已，梦想就可能不会实现。梦想是
愉快的，但没有配合实际行动计划的模糊梦想，说白了也只
是妄想而已。"

看来，只有明确的目标，才会有具体的行动。无论你做什么
事情，明确自己的目标和方向是非常必要的。只有在知道你的目
标是什么、你到底想做什么之后，你才能够达到自己的目的，你
的梦想才会变成现实。

对于每一个人来说，重要的是要有明确的目标，要对自己的
人生有个恰如其分的设计。只有明确的行动目标才会有为之奋斗
的不竭动力。目标就是希望，目标就是挖掘潜能的动力。当人们
有了明确目标并能不断对照时，其行动的热情和动力得到维持和
加强，就会自觉地克服一切困难，努力去实现目标。

没有目标，任何事情都不可能发生

目标是一个人奋斗和努力的方向，也是一种对自己的鞭策。
当一个人有了目标，才会有热情、有积极性、有使命感和成就

感，才能最大限度地发挥自己的优势，调动沉睡在心中的那些优异、独特的品质，造就自己璀璨的人生。相反，一个人如果没有明确的目标，他就会失去崇高的使命感，也就丧失了进取的活力。

为了证明树立目标的重要性，我们可以假设一场大学篮球冠军争夺战中的一个场景：

两支球队在做了赛前热身运动后，为了投入比赛做好了身体上的准备，然后他们返回更衣室，由教练给他们面授行动前最后的"机宜"，下达最后的指标，他告诉队员："小伙子们！这是最后一战，成败在此一举，我们要么一句扬名，要么默默无闻，结果就取决今天！没有人会记得第二名！整个赛季的成败就在今晚！"

队员们士气高涨，一个个像被打足了气的皮球。当他们冲出门跑向球场时，机会把门从框上扯下来。可当他们来到球场上时去愣住了，一个个大惑不解，十分沮丧和恼怒，原来他们发现球篮不见了，他们愤怒地大叫："没有篮筐我们怎么打球？"

没有投球的目标，队员们就无法进行比赛。同样，人生若失去目标，我们就不知道该往哪个方向而努力。

许多人怀着羡慕、嫉妒的心情看待那些取得成功的人，总认为他们取得成功的原因是有外力相助，于是感叹自己的运气不好。孰不知，成功者取得成功的原因之一，就是由于确立了明确的目标。

高尔基说过："一个人追求的目标越高，他的才力就发展得越快，对社会就越有益。"对我们每个人来说，明确的目标就犹如我们成长过程中的灯塔，照亮我们前进的方向，指引我们不断

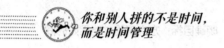

前进。无论我们在做什么事情，都必须一直瞄准目标前进。

许多人之所以一事无成，最根本原因在于他们不知道自己到底要做什么。一位名人曾经说过："无目标的生活，犹如没有罗盘而航行。"当一个人不知道他下一步要干什么的时候，他是颓废的。

曾有人巧妙地把人比喻为一条船。没有目标的人，则犹如没有舵的船。在人生的海洋中，大约有９５％的人是无舵的船，他们总是幻想着什么时候能漂到一个富裕繁荣的港口。但由于没有控制方向的舵，在风浪面前他们往往束手无策，只能听任摆布，任其漂流，结果永远难以达到目的地。

有一位名叫库尔斯曼的英国青年，由于他小时候患了小儿麻痹症，致使他的一条腿肌肉萎缩，走起路来很困难。可是，他却凭着坚强的毅力和信念，创造了一次又一次令人瞩目的壮举：

8岁时，他登上了阿尔卑斯山；20岁时，他登上了乞力马扎罗山；23岁时，他登上了世界最高峰珠穆朗玛峰；29岁前，他登上了世界上所有著名的高山……

然而，就在他29岁生日那天，却突然在家里自杀了。

这件事令很多人感到费解。功成名就的他，为什么会选择自杀呢？后来，有一位记者了解到，库尔斯曼父母曾是登山的爱好者，在库尔斯曼11岁时，他的父母在攀登阿尔卑斯山时不幸遭遇雪崩双双遇难。父母临行前，留给了年幼的库尔斯曼一份遗嘱，希望他能像父母一样，一座接一座地登上世界著名的高山。

从此后，年幼的库尔斯曼把父母的遗嘱作为他人生奋斗的目标，当他全部实现这些目标的时候，感到了前所未有的空虚和绝望。在自杀现场，人们看到了库尔斯曼留下的痛苦遗言："这些年来，征服世界著名的高山曾是我一生唯一的奋斗目标，作为一个残疾人，我之所以能成功攀登那些高山，那都是因为父母的遗嘱给了我生命的一种信念。如今，当我攀登了那些高山之后，我感到无事可做了，我突然之间失去了人生的目标……"

可怜的库尔斯曼因失去人生的目标，而失去了人生的全部。这是值得人们反思的。

你可以一辈子不登山，但你心中一定要有一座山，它可以使你有奋斗的方向，让你有人生的目标。它使你总往高处爬，使你在任何时候都不会迷失方向，任何时间抬起头，看见山尖，就能看到自己的希望。

目标对于任何人来说是至关重要的，可以说，有什么样的目标，就会有什么样的人生。目标是一个人对所期望成就的事业的真正决心。目标不是幻想，因为一个切实可行的目标完全可以带来实现的满足感！

人生没有目标，任何人都不可能成就任何事业，因为它不会促使你采取任何实际的行动步骤，那么你就只能在人生旅途的十字路口徘徊，永远抵达不了成功的彼岸。

专心致志于你选择的目标

美国作家爱默生认为："生活中有件明智事，就是精神集中；有一件坏事，就是精力涣散。"如果一个人想法太多，或者

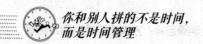
是想要实现的目标太多，那么自然是无法做到精神集中，从而导致精力涣散。所以，目标太多跟没有想法、没有目标其实是一样的效果。

想法太多的人经常会因为目标太多而堕入空想，最终导致自己不能够专注地去做事情，不能把时间和精力用于实现某一个具体目标上。这种行为其实是造成一个人事业失败的重要因素之一。如果一个人想做的事情过多，那么结果常常会不尽如人意，最终会一事无成。

导致这种想法太多、目标太多的人从成功走向失败的根本原因就在于，目标太分散以至于无法专注集中任何一个目标。

有人问微软总裁比尔·盖茨成功的秘诀，比尔，盖茨回答道："选定一件事就咬住不放。世界上成功的人，不是那些脑筋好的人，而是对一个目标咬住不放的人，我想我们应该只做软件。"

比尔·盖茨的话中谈到了两件事，其一是选定一个目标，其二是咬住不放。

世界上无数的失败者之所以没有成功，主要不是因为他们才干不够，而是因为他们不能集中精力、不能全力以赴地去做一件事情，他们喜欢东学一点、西学一下，尽管忙碌了一生却往往没有培养自己的专长，结果，到头来什么事情也没做成，更谈不上有什么强项。但是，明智的人懂得把全部的精力集中在一件事上，唯有如此方能将精力更多地聚集在一点上；明智的人也善于依靠不屈不挠的意志、百折不回的决心以及持之以恒的忍耐力，努力在激烈的生存竞争中获得胜利。在实现目标的道路上，最忌讳的就是朝三暮四。

将放大镜在阳光下聚焦，并把焦点固定在纸的一点上，很快就能将纸点燃，如果不停地移动焦点，那你永远也别想看到火焰。你只有将目标准确定位，才能集中精力，实现理想。

"把所有的鸡蛋放入同一个篮子，并照管好那个篮子。"在实现人生的目标中也应当如此。既然选择了一个目标，就不要让这个目标轻易地失去。

让我们来了解一下"汽车大亨"亨利·福特是如何树立远大目标并逐渐走向成功的吧。

福特在很小的时候就对机械产生了兴趣，由于父亲不支持他的爱好，几次因为和父亲的意见不统一而发生争执，但父亲的意见根本就改变不了福特的意志。

自1879年12月起，福特就自己到当时机械制造业繁盛的底特律给人打工。三年后，福特凭自己学到的知识，决心放弃外面的工作。通过充分地分析自己的能力，他最终决定，要做一番自己所热爱的事业。于是他回到家自己开了一家小工厂，在这期间福特做些小机械，以帮助父亲的农场完成某些力不能及的工作。这些小小的成功使福特的信心倍增，决心更好更快地向自己设定的目标奋进。

由于看到了查尔斯·杜耶1893年在芝加哥世纪博览会上展出的由汽油作动力的车子，使福特受启发不小，他决心自己制造一辆更好的汽车。但福特首先遇到的是电点火的问题，由于知识的不足，他决定再次去底特律的爱迪生电灯公司学习电学知识原理，也由此和老父亲再次发生冲突。但亨利·福特的目标是明确的，对实现目标的决心也是坚不可摧的。

在爱迪生公司工作期间，他充分利用业余时间来实现自己的目标——制造一辆汽车。经过无数次的失败和实验，福特自己制造的第一辆汽车终于在1896年6月面世了。车虽很简陋，但这个成功却再次鼓励了福特，他坚信：只要努力向自己的目标奋进，就一定会成功！

经过几次组装汽车的成功,在后来道路的选择上福特却遇到了难题。爱迪生公司要以每月500元薪金和可分红利的条件聘他去做生产部门的总监,但附带条件是要专业专职,不得再分心研究汽车。而底特律汽车公司的董事长也想请他去当工程师,但月薪只有200元。面临两种选择,福特认真地评估了自己,对自己热爱的事业和高薪两个方面做了权衡,最终决心选择自己当初选定的目标——汽车事业。

在与这家汽车公司合作期间,福特并没有放弃自我发展的信心,他给自己设定了更远大的目标,决心戒除满足现状的惰性心理,积极地寻求和实现更宏伟的蓝图。

在1901年密歇根举行的汽车大赛上,福特将自己用近一年时间设计的26匹马力的赛车开上赛场,并以优异的成绩击败了上届赛车冠军温登,荣登冠军的宝座。

由于赛车的胜利,福特的名字一夜之间响遍美国。1903年,在各方的帮助和福特的努力下,一个给世界汽车行业带来巨大影响的福特汽车公司诞生了。

如果福特当初在自己的小工厂里不再努力向前迈进一步,如果在短期薪金利益的取舍上目标不明确的话,那就不可能有今天的福特汽车王国。

福特的成功故事告诉我们,一旦选准了目标就不要动摇,这样才能在遇到阻力时坚持下去,直至成功。

世间最容易的事是坚持,最难的事也是坚持。说它容易,因为只要愿意做,人人都能做到;说它难,因为真正能够做到的,终究只是少数人。爱迪生说过,全世界的失败,有百分之七十五只要继续下去,原本都可成功;成功最大的阻碍就是放弃。如果目标总是游移不定,那你将一无所获。成功在于坚持,坚持到底就是胜利。任何成绩的取得、事业的成功,都源于人们不懈的努力和执着的探索追求。胜者的生存方式就在于，能够坚持把一件事做下去，积跬步以成千里，汇小河以成江流。

王林是北京一家保险公司的推销员，他每天骑着一辆破的自行车到处拉保险。不幸的是，成绩始终是一片空白。可是，王林毫不气馁，晚上即使再疲倦，也要一一写邮件给被白天访问过的客户，感谢他们接受自己的访问，力请他们加入投保的行列，每一字每一句都写得诚恳感人。

可是，任凭他再努力、再劳累，也没有发生效果。两个月过去了，他连一个顾客也没有拉到，上司催他也是愈来愈紧……

劳累一天回来，他常常连饭也没心情吃，虽然娇妻温顺体贴，但一想到明天，他就全身直冒冷汗。

他愁眉苦脸地对妻子说："从前，我以为一个人只要有明确的目标，然后认真、努力地工作，就能做好任何事情。但是这一次，我错了。因为事实显然并不如此！我辛辛苦苦地跑了两个月，然而，却连一个客户也没有拉成。唉！保险工作，对我很不合适，不如换个地方找工作吧……"

妻子劝告他说："坚持下去，就有盼头。"王林听从了妻子的劝告。

王林曾想说服一家私企的老板，让他的员工全部投保。然而那位老板对此毫无兴趣，一次一次地拒王林于门外。当他在第69天再一次跑到这位老板公司来的时候，这位老板终于为他的诚心所感动，同意全公司员工投保。

他成功了！选定目标坚持不懈，使他后来成了著名的保险推销员。

所以，在选定一个目标之后，万万不可受到点挫折就故步自

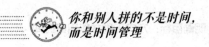
封甚至干脆放弃，必须愈挫愈勇，咬住不放，一定会成功。成功的大门永远会朝着那些有目标，而且目标专注，并为之努力的人们敞开。有目标、有努力方向的人，他们知道自己应该向着何处前进。没有目标，或目标太多，自然就不能够迅速地前进。有的人曾经这样说："如果你不知道你是往何处去，便不会达到什么特殊的目的。"

学会逐一实现你的目标

明确的目标是提高效率，促进事业成功的重要依据。但有些时候，确立的目标过大、过高，一时间很难达成，就会挫伤人的积极性。如果你学会将这些过大或过高的目标分解成每阶段都可以实现的小目标，然后将其各个击破，不失为一个实现终极目标的有效方法。

25岁的时候，罗宾逊因失业而挨饿，他整天就在马路上乱走，目的只有一个，就是躲避房东讨债。

一天，他在42号街碰到著名歌唱家夏里宾先生。罗宾逊在失业前，曾经采访过他。但是他没有想到的是，夏里宾竟然一眼就看出了他。

"很忙吗？"他问罗宾逊。

罗宾逊含糊地回答了他，他想夏里宾看出了他的际遇。

"我住的旅馆在第103号街，跟我一同走过去好不好？"

"走过去？但是，夏里宾先生，60个路口，可不近呢？"

"哪里，"夏里宾笑着说，"只有5个街口。"

"……"罗宾逊不解。

"是的，我说的是第6号街的一家射击游艺场。"

这话有些答非所问，但罗宾逊还是顺从地跟他走了。

"现在，"到达射击场时，夏里宾先生说，"只有11个街口了。"

不多一会儿，他们到了卡纳尔剧院。

"现在，只有5个街口就到动物园了。"

又走了12个街口，他们在夏里宾先生住的旅馆前停了下来。奇怪得很，罗宾逊并不觉得多么疲惫。

夏里宾给他解释不疲惫的理由："今天的走路，你可以常常记在心里，这是生活艺术的一个教训。你与你的目标无论有多遥远的距离，都不要担心，把你的精神集中在5个街口的距离，别让那遥远的未来令你烦闷。"

这个故事告诉我们，为了要达成大目标，不妨先设定"小目标"，这样会比较容易实现。

很多人会因目标过于远大，或理想太过崇高而易于放弃，这是很可惜的。若设定了"小目标"便可较快获得令人满意的成绩。你在徒步完成"小目标"时，心理上的压力也会随之减小，目标总有一天也能实现。

世界著名的大企业家、摩托车大王本田宗一郎，有一次与电器业大王松下幸之助会面，本田对松下说了一番颇有教益的话。他说："我先有一个小目标，向它挑战，把它解决之后，再集中全力向更大一点的目标挑战。把它完全征服之后，再进一步建立更大的目标，然后再向它展开激烈的攻击。苦苦搏斗数十年，这样辛辛苦苦从山脚一步一步坚实而稳定地攀登，不知何时，我就成为全世界的摩托车大王了。"

松下说："我也是从小做生意勤勤恳恳，胼手胝足，才打下现在的基础。我常对员工们说，想从事大发明，必须从自己身边的小发明入手；想做大事，必须从身边的小事做起。"

这两位出身贫寒，只受过小学教育，在日本最为成功、最受人爱戴的大企业家，他们的观念和做法几乎相同。他们都是从工人做起，经过一点一滴的努力，才汇集成现在的成果，建立起自己的王国。

无数成功者的经验告诉我们，达到目标，成大事的关键在于把目标细化，具体化，从小目标开始一点一点突破，最终才能实现大的目标。

在现实中，我们之所以不能实现目标，经常做了一半就停止，往往不是因为难度大，而是觉得梦想离我们较远，确切地说，我们不是因为失败而放弃，而是因为害怕而放弃。所以达到目标的关键在于把目标细化、具体化。学会把目标分解开来，化整为零，变成一个个容易实现的小目标，然后将其各个击破，不失为一个实现终极目标的有效方法。

小宋刚进入工厂做车工时，师傅要求他每天车完30000个铆钉。一个星期后，他疲惫不堪地找到师傅，说太难了，他完不成任务。

师傅问他："一秒钟车完一个可以吗？"小宋点点头，这是不难做到的。

师傅给他一块表，说："那好，从现在开始。你就一秒钟车一个，别的都不用管，看看你能车多少吧。"小宋照师傅说的慢慢干了起来，一天下来，他不仅完成了任务，而且也不觉得累。

师傅笑着对他说："知道为什么吗？那是你一开始就给自己心里蒙上了一层阴影，觉得"30000"是个多么大的数字。如果这样分开去做，不就是七八个小时吗？"

分开去做，听起来简单，实则蕴含着无穷的成功智慧。许多人之所以会半途而废，并不是因为困难大，而是感觉目标遥远，希望渺茫。若把长距离分解成若干个距离段，把大目标分解成若干个小目标，逐一去跨越它，实现它，就会轻松很多，容易很多。

人生的目标并非一蹴而就，而是一个不断积累的过程。为了实现自己的人生目标，我们应该为自己设定阶段性的具体目标。一些大目标看似难以实现，但是如果你把它分解成无数个小目标，就会让自己每时每刻都能看到希望的曙光，心中始终饱含着对成功的渴望。如果每一个阶段目标都有了实现的可能，那么成功离我们也就不再那么遥远了。

一位复印店的老板有一次给一位求职者复印资料，因为不是很忙，老板便搭讪了一句话："怎么样？"求职者笑着说："还可以吧，下午要去一家公司应聘。""做什么的？"他笑而不语，趁他掏钱的空隙，这位老板扫了一眼他的简历，哇，是副总经理，老板抬头定睛一看，年龄跟自己差不多。"不简单。"他又笑一下，"这没什么，在工厂里呆了6年，大多数职位都干过，有过半年的总经理特别助理经验。"

这时，这位老板已经把他的简历看完，真的不简单，做过人事行政主管、财务主管、生产主管，离职前是一家拥有2000多人港资企业的总经理特别助理。这位老板说："你真不简单，五六年工夫就干了三四个主管职位，是不是有很高的学历和留洋背景？""我的学历不高，只是一个普通的本科生。""你的目标为什么能实现得这么快呢？"他脱口而出，"其实，这也没什么，我只是在分阶段实现目标而已，把目标具体细化。"

原来，他一直渴望做一个成功的高级白领。刚开始找工作时，也曾豪情万丈去应聘高级职位，可是没经验，面试几家公司都遭拒绝。慢慢地，他改变了对目标的看法，"任何宏伟的目标都是由一个个小的具体目标组合成的，先把小目标一个个攻破，大目标也就自然实现了。"他说，"这几年来我一直在做实质性的工作，学的是财务，便先做统计工作，由于认真细心，深受老板信任，便调去搞财务，一步一步地干到财务主管。做财务主管时，时间相对宽裕一些，又去向人事主管拜师，慢慢地人事这块又弄熟了。在做人事主管时，与车间打交道多了，对生产管理知识和工艺流程格外留心，特别是能运用财务专业知识分析成本、控制品质。于是，又顺利当上了生产主管。如今，人事、财务、生产这三大块我都比较熟悉，做个副总经理应该没问题，将来有了资金，就自己做老板。"他自信地说。

看来，当这位求职者一点点地去实现小目标时，大目标就不远了。

辉煌的人生不会一蹴而成，它是由一个个并不起眼的小目标的实现堆砌起来的。很多时候，我们之所以感到困难不可逾越，成功无法企及，正是因为觉得目标离自己太过遥远。这样一来，由于看不到希望而产生的畏惧感，常常成为成功路上的一道难以跨越的屏障。因此，你不妨把一个大目标分成许多小目标，按照实施的步骤排列起来依次完成，这样可以做得更快更好。

梦想的实现是一个渐进的过程，必须脚踏实地一步步前进，急于求成是不行的，将梦想分解成小目标，不仅有利于避免急于求成的心态，也有助于消除倦怠心理，增强克服困难、战胜挫折的勇气和信心。一环套一环地前进，前一段将是后一段的基础，依次做好每一段的事，方能夺取最终的胜利。

大事都是由小事积累的，梦想也一样，梦想都是由小目标组成的。把自己的梦想分解成几个阶段目标，再把这几个阶段目标进一步细分量化，分解成每月的工作目标、每周的工作目标、每天的工作目标，这样，通过每天实现自己的小目标，每天提高一点，每天改进一点，不断取得工作上的进步，那么实现梦想的信心也就越来越强。最终实现总目标也就不难了。

目标有时候也需要合理调整

有这样一个小故事：

有一个人布置了一个捉火鸡的陷阱，他在一个大箱子的里面和外面撒了玉米，大箱子有一道门，门上系了一个绳子，他抓着绳子的另一端躲在一处，只要等到火鸡进入箱子，他就拉紧绳

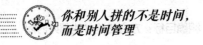
子，把门关上。

一天，有12只火鸡进入箱子里，还没等他回过神来，1只火鸡就溜了出来。他想等箱子里有12只火鸡后，就关上门，然而，就在他等第12只火鸡的时候，又有2只火鸡跑了出来。

他想，只要再进去1只就拉绳子，可是在他等待的时候，又有3只火鸡飞了出来，最后，箱子里1只火鸡也没剩。

生活中，不乏有一些如同故事中捉火鸡的人，本来有很好的想法和愿望，但到头来却空欢喜，竹篮打水一场空。因此，我们说有目标固然是好事，但有目标不等于拥有一切。世事多变化，当既定目标无法达成时，如果我们不能很好地根据时间、环境等因素的变化而作出相应的调整，一味地固守自己的目标，就会得不偿失。

通常，人们确立自己的目标，不过是根据当时当地的现实环境与自身某些主观愿望及其他相关条件而设定的。但随着时间的推移、现实环境的变化、自身思想感情的变化、人生阅历的增加以及其他条件的改变，目标有所调整便是自然的事了。如果过于僵化，一味地前进，而不根据条件的变化作出相应的调整，很可能会阻碍自己走向成功。

经过数年专心苦读，王明终于攻下计算机博士的学位，并为自己树立了一个远大的目标。毕业后，他踌躇满志地去一些公司应聘，结果接连碰壁，许多家公司都将他拒之门外。这样高的学历，这样吃香的专业，为什么找不到一份工作呢？

万般无奈之下，王明决定调整自己的目标，从低做起。他收起了所有的学位证明，以一种最低身份再去求职。不久他就被一家电脑公司录用，做一名最基层的程序录入员。这是一份稍有学历的人就都不愿去干的工作，而王明却干得兢兢业业，一丝不苟。没过多久，经理就发现了他的出众才华：他居然能看出程序中的错误，这绝非一般录入人员所能比的。这时，王明亮出了自己的学士证书，经理于是给他调换了一个与本科毕业生对口的工作。过了一段时间，经理发现他在新的岗位上游刃有余，还能提出不少有价值的建议，这比一般大学生高明，这时，王明又亮出自己的硕士身份，经理又提升了他。

有了前两次的经验，经理也比较注意观察王明，发现他还是比硕士有水平，对专业知识的广度与深度都非常人可比，就再次找他谈话。这时，王明拿出博士学位证明，并叙述了自己这样做的原因。此时，经理才恍然大悟，毫不犹豫地重用了他，因为对他的学识、能力及敬业精神早已全面了解了。

成功者的秘诀就在于时时检视自己的人生目标，看它是否有偏差，并适时、合理地调整自己的目标，直至取得成功。

坚持是一种良好的品性，但在有些事上，过度的坚持，会导致更大的浪费。有许多满怀雄心壮志的人有很坚强的毅力，但是由于不会进行新的尝试，因而无法成功。要实现自己的目标，不能犹豫不前，但也不能太生硬，不知变通。如果确实感到行不通的话，就应尝试另一种方式。在成功的道路上，我们没有必要一条路跑到黑，更不应该固执己见，该放弃的要放弃，该坚持的要

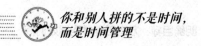

坚持，学会规划自己的目标才是成功的开始。

在人生的每一个关键时刻，审慎地运用智慧，做最正确的判断，选择正确方向，同时别忘了及时检视选择的角度，适时调整，放掉无谓的固执，冷静地用开放的心胸做正确抉择。每次正确无误的抉择将指引你走在通往成功的坦途上。

有的人失败，不是没有本事，而是定错了目标，成功者为避免失败，时刻检查目标是否合乎实际，合乎道德。

有一个年轻人，有幸认识了德国汽车巨头卡尔·本茨，并深受赏识。这是一个很有才能的年轻人，他有一个最大的愿望就是赚到1000亿美元——这个数目相当于卡尔·本茨财产的100多倍！这个宏伟的目标让卡尔·本茨吃惊不小。

卡尔·本茨曾经这样问他："当你实现了这个目标，有了1000亿美元以后，你打算做什么？"

年轻人突然愣住了，想了想说："老实说，我只觉得那才能称得上成功，至于做什么我也不大清楚。"

卡尔·本茨语重心长地告诉年轻人："如果一个人真的拥有那么多钱，未必是一件好事，可能将会威胁整个世界。我看你还是先别考虑这件事吧。"

在以后的6年时间里，每次这个年轻人约见卡尔·本茨，都其被拒绝了。6年后，年轻人修正了自己的目标，告诉卡尔·本茨他想创办一所大学，他已经有了20万美元，还缺少20万。卡尔·本茨帮助年轻人实现了他的目标。

又经过6年的努力，这个年轻人实现了他想创办一所大学的目标——他创办了德国著名的艾勒多亚大学。这位年轻人就是波·艾勒多亚。

　　如果你也想成功，就应该向故事中的年轻人一样，只有随时检视自己的选择是否有偏差，合理地调整目标，放弃无谓的固执，才能轻松地走向成功。

　　我们每个人都渴望成功，有些时候却执意将成功引入一条狭窄的小巷。目标和现实之间总是要有一段距离，在走向目标的途中，应该根据自身的实际情况和外界条件的变化来调整自己的目标。及时调整自己的目标，并不是背叛了自己成功的初衷，而是为了更好地成功。如果发现你的目标不合实际，就及时调整吧！

做任何事情都是预则立

　　古人讲：凡事欲则立，不欲则废。说的就是计划的重要性。计划是实现目标的唯一手段。所谓"一等人计划明天的事，二等人处理现在的事，三等人解决昨天的事"，养成事前计划的习惯，确实是所有成功人士的共同特色。

　　生活中，经常看到两种人：一种人是整天忙忙碌碌，一天到晚"满头汗"地做事，他们甚至会忙得没时间洗脸，没时间把头发梳理整齐，衣服穿得乱七八糟，吃饭也没时间，也没时间陪伴孩子和妻子，但他的成就却不大。另一种人也很忙碌，但办事有章有法，有节奏。无论什么时候你见到他，你都能看到他衣着整齐干净，甚至会有一些时间喝茶，陪孩子玩游戏，但他的业绩却是惊人的。这两种人的区别就在于做事之前有没有很好的计划。

在职场中有这样一句名言：在计划上多花一分钟，执行时便可节省10分钟。这句话适用于每个人，事前良好地计划，加上养成按照计划执行的纪律，通常可以在最短的时间内完成目标，因此可以说计划是实现目标最重要的工具。

有计划去做事，则事半功倍。无计划去做事，则事倍功半。但是，制定计划常被人们认为是一件很"麻烦"的事情，所以很多人不愿去想，也不愿去做，即使他们有时间，他们也不愿"触及"到这件事上。常听人说："这有什么好计划的？不就是那样吗？"这些人是真正的懒人，不给自己练脑的机会，也就失去了成功的机会。而一些人工作不讲方法，认为行动是主要的，计划是浪费时间和精力，还不如用计划的时间去做事情，所以即使让他制订计划也是敷衍了事。这种做法比较偏激，往往事倍功半。

想一想，在通往成功的道路上，你是否也存在上述的想法？如果答案是肯定的话，请克服这个缺点，学会有计划地做事，否则你将会离成功越来越远。

王刚是一家上市公司的技术总监。他的工作直接或间接地受到公司5000雇员中3000多人的影响，因此，他总是忙得不可开交。一次，在北京举行的时间管理研讨会上，他谈到了对工作和时间的看法：

王刚说："现在我不再加班工作了。我每周工作50至55个小时的日子已经一去不复返，也不用把工作带回家做了。我在较少的时间里做完了更多的工作。按保守的说法，我每天完成与过去同样的任务后还能节余1个小时。我使用的最重要方法是制订每天工作计划。现在我根据各种事情的重要性安排工作顺序。首先完成第一号事项，然后再去进行第二号事项。过去则不是这样，我那时往往将重要事项延至有空的时候去做。我没有认识到次要的事项竟占用了我的全部时间。现在我把次要事项都放在最后处理，即使这些事情完不成我也不用担忧。我感到非常满意，同时，我能够按时下班而不会心中感到不安。"

一位成功人士曾这样介绍他的经验："你应该在一天开始有效的工作流程之前，制订一个计划，仅需20分钟就能制造出几个小时的高效工作流程。有无计划性是衡量一个人工作有无效率的重要标准之一。"工作计划好比一张交通图，它能使工作和项目以最简洁有效的方式完成。

成功的人，大都能非常有效地利用时间、金钱和精力，并尽可能支配它们。他们之所以能够做到事半功倍，是因为他们总是为自己做好了计划。因此，能不能把一件事情办成功，一个很重要的因素就是看你有没有科学的计划和方案。科学的计划和方案就像是火车的轨道，有了轨道，火车就能够安全顺利地前进；没有轨道，火车将寸步难行。

美国总统罗斯福是一个注重计划的人。他时时把他所要做的事都记下来，然后拟订一个计划表，规定自己在某时间内做某事。如此，他便按时做各项事。从上午9点钟与夫人在白宫草坪上散步起，至晚上招待客人吃饭为止，整整一天他总是有事做的。当该睡觉的时候，因为该做的事都做了，所以他能完全丢弃心中的一切忧虑和思考，放心地去睡觉。细心计划自己的工作，这是罗斯福之所以办事有效率的秘诀。每当一项工作来临时，他便先计划需要多少时间，然后安插在他的日程表里。因为能够把重要的事很早地安插在他的办事程序表里，所以他才能把许多事在预定的时间之内做完。众所周知，罗斯福是美国历史上极其伟大和极受美国人民爱戴的总统之一，并成为美国历史上唯一实现连任4届总统的人，还曾赢得美国民众长达7周的高支持率，创下历史纪录。

身体残疾的罗斯福之所以能做到连健全人也做不到的事，主要跟他的人生富有计划性和目标性紧密相关。

好的计划是成功的开始。只有事前拟定好了行动的计划，梳理通畅了做事的步骤，做起事来才会应付自如。凡事三思而后行，事前多想一步，事中少一点盲点。只有做好规划，心中有蓝图，才能够临阵不乱，稳扎稳打地获得成功。

确定目标、制定计划、根据计划采取行动，这些步骤构成了人生的一条条轨迹。思考问题、制定计划等行为释放了个人的心智潜能，激发了人的创造力，使我们脑力和体力方面的能量得到增强。反之，正如亚历克斯·麦肯齐所言："没有计划的行动是所有失败的罪魁祸首。"没有计划、没有条理的人，无论从事哪一行都不可能取得成绩。要知道，无论多么恢弘的理想，也是一个个小目标的合集。就像打仗一样，不管你的战略构想有多么宏大，都要先去计划好一城一地的得失。每个人在为理想奋斗的过程中要实现目标，就必须制订实现目标的计划。

1911年，有两支雄心勃勃的探险队，他们要完成一项艰巨而伟大的任务，就是踏上南极，成为登上南极第一人！
一支探险队的领队是挪威籍的探险家阿尔德·阿曼森。

队伍出发前，阿曼森仔细研究了南极的地质，地貌，气象等问题，还细致地研究了爱斯基摩人以及极地旅行者的生存经验。于是，制定出一个最佳的行动策略：使用狗拉雪橇运送一切装备与食物，为了与之相匹配，在队员选择上，他们将滑雪专家和驯狗师吸纳进队伍。

为完成到达南极这一伟大目标，阿曼森将目标分解为一个个小目标：每天只用6小时前进15~20英里，大部分工作皆由狗来完成。这样人与狗都有足够休息的时间，以迎接第二天新的旅程。

为了顺利实现目标，领队阿曼森事先沿着旅程的路线，选定合适的地方储存大量补给品，这些预备将减轻队伍的负荷。同时，他还为每个队员提供了最完善的配备。阿曼森对旅途中可能发生的每一种状况或问题进行分析，依此，设计好周全的计划与预备方案。

这些有备无患的措施，使他们在向南极的挺进中，即使遇到了问题也能很顺利的解决。最终，他们成功地实现了自己的夙愿，使挪威的国旗第一个插在了南极。

几乎是同期进发的另一支探险队是由英国籍的罗伯特·史考特所率领。这支队伍采取了与阿曼森截然不同的做法：他们不用狗拉雪橇，而采用机械动力的雪橇及马匹。结果，旅程开始不到五天，马达就无法发动，马匹也维持不下去了，当他们勉强前进到南极山区时，马匹被统统杀掉。所有探险队员只好背负起200磅重的雪橇，艰难地行进。

在队员的装备上，史考特也考虑不周，队员的衣服设计不够暖和，每人都长了冻疮，每天早上队员们都要花费近一小时的工夫，将肿胀溃烂的脚塞进长筒靴中。太阳镜品质太差，使得每个队员的眼睛被雪的反射而刺伤。更糟的是，粮食及饮水也不足，每个队员在整个行程中几乎处于半饥饿状态。史考特选择的储备站之间相距甚远，储备不足，标示不清楚，使他们每次都要花费大量的时间去寻找。更要命的是，原计划四个人的队伍，史考特临出发时又增添了一人，使粮食供应更加不足了。

这支探险队在饥饿，寒冷，疲惫，甚至绝望中，花费了10个星期走完了800英里的艰辛旅程，精疲力竭地抵达了南极，当他们到达南极时，挪威的国旗早于一个多月前便在此飘扬了。更惨的是，所有队员在顶着刺烈的寒风和饥饿的回程中，不是病死了，冻死了，就是被暴风雪卷走了。这支探险队最终全军覆没了。

好的计划是成功的开始。只有事前拟定好了行动的计划，梳理通畅了做事的步骤，做起事来才会应付自如。凡事三思而后行，事前多想一步，事中少一点盲点。只有做好规划，心中有蓝图，才能够临阵不乱，稳扎稳打地获得成功。

计划与成功是分不开的，有了计划就有了目标，就有了前进的方向，就能迈向成功的彼岸。成功的人就是善于规划他们的人生，他们知道自己要达到哪些目标，拟定好优先顺序，并且拟定一个详细的计划，按计划行事。

计划是解决问题的方针和策略。只有行动方针确定了，才能采取行动。这种行动方针是经过思考的，而不是那种本能冲动想到的。做事之前有计划是为了寻找合适的方案。本能冲动型的人总是只想到一种行动，只考虑解决面上的问题，对后续行动和影响却不考虑。仔细考虑对策后，就有可能既把问题解决，又避免了出现副作用。这样才能使问题得到圆满的解决。

中国古代有句俗话，叫"磨刀不误砍柴工"。先把刀磨快了，看起来耽误了工夫，但是在砍的时候由于刀口锋利，效率高，反而节省了工夫。也像出门开车，事先把地图看好了，顺着标志一路开去，就可以不绕弯路，节省时间。如果慌忙上路，看起来节省了看地图的时间，但是一旦走错了路，可能就会浪费比看地图长很多倍的时间。因此，无论做什么事情，事先都要有周密的计划，明确的目标，才能把事情办好。

总之，制订适合自己的计划是前提，有了计划并在实际中执行，让行动清晰、有条理，这是时间管理的重要思路。行动有计划性，做事有条理，从长远来看，是人生规划的必经步骤；从微观方面来说，则应做到日常生活有规律、时间安排有计划；而在自我意识层面上，则是通过条理化以达到对时间的管理。

为自己的人生画一张远景图

成功的人生需要正确的规划。"新东方"创始人之一徐小平曾经说过一句颇有哲理的话："人生没有设计，你离挨饿只有三天。"话虽然有些夸张，但在竞争如此激烈的当今社会，"人生需要规划"已经是毋庸置疑的思想理念。一个想成功的人不懂得对自己的人生进行规划和设计就太糟了。也许有人不以为然，谁不愿意把自己的人生规划得富丽堂皇，设计得五彩缤纷？难道有什么样的规划就会有什么样的现实吗？有什么样的设计就会有什么样的大楼吗？当然，把规划变成现实，把设计变成实物，绝对不是一件容易的事情，而是一项相当复杂，相当庞大的工程。想什么就有什么，那只存在于童话之中。但是，值得我们重视的是，就像正确的规划是建造高楼的基础一样，合理的人生设计，也是实现人生理想的前提。在相当多的时候，人生的道路是我们自己选择的，人生的蓝图是我们自己设计的，人生的大厦是我们自己建造的。

我们知道，通往成功的道路有千万条，但没有一条道路，是别人给的，而是我们自己选择的结果。我们有什么样的选择，也就有了什么样的人生。我们今天的现状是我们几年前选择的结果。成功与失败者的区别在于，成功者选择了正确的方向，而失败者选择了错误，因此我们经常能够看到一些基础相差无几的人由于选择了不同的方向，人生迥然不同。问题是人们在做出选择时，几乎没有人认为自己是错误的，因为没有人会故意作出一个错误的不利于自己将来发展的选择，他们之所以做出了错误的选择，是因为没有一个合理的人生规划，为自己作出正确的答案。

马克·吐温作为职业作家和演说家，可谓名扬四海，取得了极大的成功。你也许不知道，马克·吐温在试图成为一名商人时却栽了跟头，吃尽苦头。

马克·吐温投资开发打字机，最后赔掉了5万美元，一无所获；马克·吐温看见出版商因为发行他的作品赚了大钱，心里很不服气，也想发这笔财，于是他开办了一家出版公司。然而，经商与写作毕竟风马牛不相及，马克·吐温很快陷入了困境，这次短暂的商业经历以出版公司破产倒闭而告终，作家本人也陷入了债务危机。

经过两次打击，马克·吐温终于认识到自己毫无商业才能，于是断了经商的念头，开始在全国巡回演说。这回，风趣幽默，才思敏捷的马克·吐温完全没有了商场中的狼狈，重新找回了感觉。最终，马克·吐温靠工作与演讲还清了所有债务。

一个人如果不规划自己，那么，他往往会走很多弯路。富兰克林说得好："宝贝放错了地方便是废物。"所以，每一个人都应该努力根据自己的优势来设计自己，量力而行。根据自己的才能、素质、兴趣、环境、条件等，确定进攻方向。

规划是个人发展的一盏指路之灯，让我们清楚自己未来的路与方向。在竞争激烈的现代社会，一个人越清楚了解自身的资源与优势，明白如何根据个人核心优势去制定未来发展道路，他必然更容易实现成功的梦想

现代社会，计划决定命运。有什么样的规划就有什么样的人生。时间非常有限，越早计划自己的人生，就能越早出色。想改变自己的人生，就要先从改变自己开始，做好自己的人生计划。

40多年前，一个十多岁的穷小子，身体非常瘦弱，却在日记里立志长大后做美国总统。如何能实现这样宏伟的抱负呢？经过思索，他拟定了一系列目标。

做美国总统首先要做美国州长——要竞选州长必须得到雄厚的财力后盾的支持——要获得财团的支持就一定得融入财团——要融入财团最好娶一位豪门千金——要娶一位豪门千金必须成为名人——成为名人的快速方法就是做电影明星——做电影明星前得练好身体，练出阳刚之气。

按照这样的思路，他开始行动。某日，当他看到著名的体操运动主席库尔后，他相信练健美是强身健体的好点子。他开始刻苦而持之以恒地练习健美，他渴望成为世界上最结实的壮汉。三年后，借着发达的肌肉，一身似雕塑的体魄，在以后的几年中，他囊括了各种世界级的"健美先生"称号。

22岁时，他踏入了美国好莱坞。在好莱坞，他花费了十年时间，利用自身优势，刻意打造坚强不屈、百折不挠的硬汉形象。终于，他在演艺界声名鹊起。当他的电影事业如日中天时，女友的家庭在他们相恋九年后，也终于接纳了这位"黑脸庄稼人"。他的女友就是赫赫有名的肯尼迪总统的侄女。

2003年，年逾五十七岁的他，告老退出影坛，转而从政，成功竞选为美国加州州长。他的下一个目标就是美国总统。他就是阿诺德·施瓦辛格。他的经历告诉我们：科学规划，行动有力，就能成功。

从这个案例可以看出：成功的人生需要正确的规划。为自己制定一个科学的人生规划，就是构筑自己人生的宏伟大厦。而人生规划制定的越早、步骤越详细，越能早日实现自己的梦想。

人生规划是我们迈向成功的法宝，能让我们树立明确的目标与理想，运用科学的方法，采用切实可行的措施，发挥个人的专长，挖掘自己的潜能，克服种种发展障碍。

一项抽样调查结果显示，我们当中95%的人都认为制订规划对工作、学习是有好处的，但可惜的是只有20%的人清楚自己规划的具体内容，并且能清楚地描述出他想要做的每一件事情。在这20%的人中却只有不到3%的人能够把规划写下来，让它变成一种书面形式的东西。经过对这3%的人的进一步调查，人们又可以发现无论是从收入还是从成就上看他们都要比那剩下的97%的人高得多。看来制订、实现规划的确是成功的关键。

合理的规划是实现人生理想的前提。它可以及早的对自己的人生发展定位，更快地获得发展的机会，沿着一条正确的自我发展的人生道路，到达成功的彼岸。人们常说，机会偏爱有准备的人，只要你做好了你的人生规划，为未来的职业做出了准备，你就会比那些没有做准备的人机会更多。

人生是靠自己规划和设计的。确定好你的目标，规划好你的生活，设计好你的人生，这是你走向成功的必由之路，是你不虚度一生的前提所在。

第三章 提高效率：
让每一分钟为未来增值

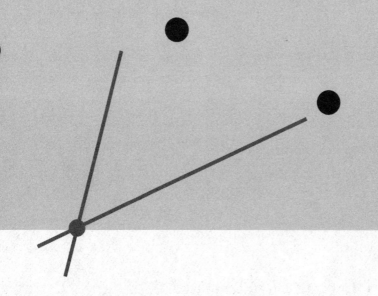

精力一旦集中，效率立即倍增

　　用心不专是一个人生活和工作中的大忌，一事无成是用心不专的恶果。职场上的失败者，并不是因为他们没有才干，而是他们不肯集中精力专注地去做最应该做的工作，他们过于分散自己的精力，而且从未觉悟。

　　李珊刚毕业半年时间，在一间外企做行政专员，平时的工作极其琐碎，李珊常常忙得焦头烂额。很多时候李珊到单位之后，便开始一天的工作，通常是查询上司来电，接着是打印邮箱里上司的文件。常常在执行这些事务的时候，上司会给李珊安排临时的工作，像是会计部要这周的出差报销单，营销部要这个月的任务表……这种情况下，李珊不得不放下手头的工作，来应付上司的临时安排。

　　往往上司的安排一股脑发给李珊，李珊总想赶快完成，一时也理不出应该先完成哪个，于是东做一下，西做一下。当打印文件的时候觉得制定工作报表更重要，于是回到电脑前制定报表；制定报表的时候，心里又觉得整理会议记录最紧急，于是开始整理开会记录……等到上司来要工作成果的时候，李珊才发现自己什么都没完成，每样工作都只完成了一小部分。

　　李珊每天的工作状态都很类似，虽然忙得脚打后脑勺，但毫无效率可言，最关键的是李珊常常感觉自己疲累不堪，

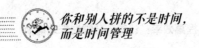
不知道应该怎么解决。

究其原因，就是不专心导致的。一个人的精力毕竟是有限的，不能一心二用。在工作中，我们要想干好一件工作，就必须全身心的投入，决不能心猿意马。没有事情是简单的，任何一件事完成起来都要花费相当的精力，人心无法一分为二，只有专心是解决问题最好最快的途径。

心理学教授辛迪·勒斯蒂格通过实验发现，同时做很多事，并且做成功，几乎是不可能的，不断地转换任务会使效率降低将近四成。著名的效率提升大师博恩·崔西有一个著名的论断："一次做好一件事的人比同时涉猎多个领域的人要好得多。"富兰克林将自己一生的成就归功于"在一定时期内不遗余力地做一件事"这一信条的实践。一次只做一件事，就是专心致志，全神贯注，不受任何内心欲望和外界诱惑的干扰，对既定的方向和目标不离不弃，执着如一、不懈的努力。

一次只专心地做一件事，全身心地投入并积极地希望它成功，这样我们就不会感到精疲力竭。不要让我们的思维转到别的事情、别的需要或别的想法上去，专心于我们正在做着的事。集中精力专注于一项工作，就能把这项工作做得很好。

爱迪生认为，高效工作的第一要素就是专注。他说："能够将你的身体和心智的能量，锲而不舍地运用在同一个问题上而不感到厌倦的能力就是专注。对于大多数人来说，每天都要做许多事，而我只做一件事。如果一个人将他的时间和精力都用在一个方向、一个目标上，他就会成功。"

一次只做一件事，即是集中精神，把一件事情做好，并且完成的话，你会发现自己会工作得更快，更有效率。

一家公司在招聘员工时，特别注重考察应聘者的专心致志的工作作风。通常在最后一关时，都由董事长亲自考核。现任经理要职的约翰逊在回忆当时应聘时的情景时说："那是我一生中最重要的一个转折点，一个人如果没有专注工作的精神，那么他就无法抓住成功的机会。"

那天面试时，公司董事长找出一篇文章给约翰逊说："请你把这篇文章一字不漏地读一遍，最好能一刻不停地读完。"说完，董事长就走出了办公室。

约翰逊想：不就读一遍文章吗？这太简单了。他深呼吸一口气，开始认真地读起来。过了一会儿，一位漂亮的金发女郎走过来，"先生，休息一会吧，请用茶。"她把茶杯放在桌几上，冲着约翰逊微笑着。约翰逊好像没有听见也没有看见似的，还在不停地读。

又过了一会儿，一只可爱的小猫伏在了他的脚边，用舌头舔他的脚踝，他只是本能地移动了一下他的脚，丝毫没有影响他的阅读，他似乎也不知道有只小猫在他脚下。

那位漂亮的金发女郎又飘然而至，要他帮她抱起小猫。约翰逊还在大声地读，根本没有理会金发女郎的话。

终于读完了，约翰逊松了一口气。这时董事长走了进来问："你注意到那位美丽的小姐和她的小猫了吗？"

"没有，先生。"

董事长又说道："那位小姐可是我的秘书，她请求了你几次，你都没有理她。"

约翰逊很认真地说："你要我一刻不停地读完那篇文章，我只想如何集中精力去读好它，这是考试，关系到我的前途，我不能不专注一些更专注一些。别的什么事我就不太清楚了。"

董事长听了，满意地点了点头，笑："小伙子，你表现不错，你被录取了！在你之前，已经有50人参加考试，可没有一个人及格。"他接着说："现在，像你这样有专业技能的人很多，但像你这样专注工作的人太少了！你会很有前途的。"

果然，约翰逊进入公司后，靠自己的业务能力和对工作的专注和热情，很快就被董事长提拔为经理。

可见，专注能给人们带来成功的机遇！一个专注的人，往往能够把自己的时间、精力和智慧凝聚到所要干的事情上，从而最大限度地发挥积极性、主动性和创造性，提高执行力，努力实现自己的目标。

世界上无数的失败者之所以没有成功，并不是因为他们的才干不够，而是他们不能集中精力全力以赴地去做适当的工作，大好精力被浪费在东西南北各个方向上，而他们自己竟然还从未觉察到这一问题。如果把心中的那些杂念一一剪掉，使生命力里的所有养料都集中到一个方面，那么他们将来一定会惊讶——自己的事业树上竟然能够结出那么美丽丰硕的果实。

某公司的一位老板去拜访拿破仑·希尔。当看到希尔的办公桌十分干净整洁，他很是惊讶。他问希尔："希尔先生，你没处理的信件放到哪儿了呢？"

希尔颇为自豪地说："我的信件都处理完了。"

"那你今天没做的事情又推给谁了呢？"这位老板紧追着问。

"我所有的事情都处理完了。"希尔微笑着回答。看到这位老板困惑的神态，希尔解释说："原因很简单。我知道我所需要处理的事情很多，但我的精力有限，一次只能处理一件事情，于是我就按照所要处理的事情的重要性，列一个顺序表，然后就一件一件地处理。结果，全做完了。"说到这儿，希尔双手一摊，耸了耸肩膀。

"噢，我明白了。谢谢你，希尔先生。"

几周以后，这位老板请希尔参观自己宽敞的办公室。他对希尔说："希尔先生，感谢你教给了我处理事务的方法。过去，在我这宽大的办公室里，我要处理的文件、信件，堆得和小山一样，一张桌子不够，就用三张桌子。自从用了你的办法以后，情况好多了。瞧，再也没有没处理完的事情了。"

这位老板就这样找到了高效率做事的办法。几年以后，他的公司规模越来越大，而他处理工作游刃有余。

集中精力，每次只做一件事情，对提高效率至关重要。做好一件事情，需要凝聚心神、心无旁骛，这样一个人才可能最大限度地发挥潜能。而频繁地从一项工作转换到另一项工作则是浪费时间和精力的做法。基于这个道理，人们在工作中应该避免不必要的工作转换，要尽可能把一件事情做好、做透、做到位，然后再考虑下一件事。同时，当一个人了结了一件事情时，往往会有一种解脱感和满足感，甚至会有一种成就感，这是一种很好的心理状态，也是保证下一件事做好的必要前提。

一个优秀的人必须懂得，在每一段时间专心处理每一件事情，不要试图为另一件事做计划。当你在做这件事的时候，也不要去想那件事。不管你想做什么，尽管去把它做好就是了，那你的注意力全都放在先做的事情上。当你和别人谈话的时候，就一心一意谈话；当你工作的时候，就专心地工作。哲学家亚当斯曾经说过：再大的学问，也不如聚精会神来的有用。只有有意识地清除头脑中分散注意力、产生压力的想法，才能使你的思维完全进入眼前的工作状态。把你的注意力集中在最需要你关注的事情上，专注当下，就可以促使你的工作更有效率。

避免重复，第一次就把事情做好

"第一次就把事情做对"是著名管理学家菲利浦·克劳士比"零缺陷"理论的精髓之一。一经提出，就掀起了一个时代自上而下的质量改善运动。

"第一次就把事情做对"是一种追求精益求精的工作态度。在工作中，许多人做事不精益求精，只求差不多。尽管从表现上看来，他们也很努力、很敬业，但结果却总是无法令人满意。

卡耐基曾经说过："任何一个人都没办法改变给人的第一印象，因为你的第一印象永远留在人家的心里。"有些人会说，我这一次没有表达好、没有表现好，我以后再来完善自己，那只是徒劳而已。第一次实在是太重要了，一旦第一次出现差错，就很难改变差错的现实，因为差错造成的影响和损失，需要付出双倍甚至更多的代价才有可能弥补。

有位广告经理曾经犯过这样一个错误，由于完成任务的时间比较紧，在审核广告公司回传的样稿时不仔细，在发布的广告中弄错了一个电话号码，服务部的电话号码被他们打错了一个。就是这么一个小小的错误没做到位，给公司导致了一系列的麻烦和损失。

那位广告经理忙了大半天才把错误的问题料理清楚，耽误的其他工作不得不靠加班来弥补。与此同时，还让领导和其他部门的数位同仁和他一起忙了好几天。如果不是因为一连串偶然的因素使他纠正了这个错误，造成的损失必将进一步扩大。

试想，那位广告经理在审核样稿的时候，能稍微认真一点，第一次就把事情做好，还会这么忙乱吗？

在工作中，如果你不能第一次就把事情做到位，势必要重新再做一次。因为第一次没把事情做对，你要忙着改错或是补救，使工作越忙越乱，轻则浪费大量的时间和精力，重则返工或报废，给公司造成经济或形象损失。想想这些，你就能理解"第一次就把事情做对"这句话的分量。

或许有些人会有这样的疑惑：怎么可能第一次就把事情做好呢？人又不是神仙，怎么可能不犯错呢？不是允许合理的消耗吗？不是允许一定比例的废品吗？但是从福特公司的全面质量管理和标准化生产中可以惊奇地发现，原来，第一次就把事情做好不仅是可能的，而且是一定要做到的。想想看，整条流水线上，每一个零配件生产出来之后马上就被送去组装，因为没有库存，任何一个环节出了质量问题，都会导致全线停产，所以必须百分之百地"第一次"就把事情做好。

在自我管理上，"第一次就把事情做好"也是一个应该引起足够重视的理念。如果这件事情是有意义的，现在又具备了把它做好的条件，为什么不现在就把它做好呢？当然，在提法上可以更人性一点，叫做"把一点一滴的事情做好"，每个人只有把一点一滴的事情做好了，才可能达到第一次就把事情做对的境界。

"第一次就把事情做对"，它并不是说人不可以犯错误，而是指对待工作必须有一种坚持第一次就做对，符合所有要求的决心和态度。

有一家电子加工企业，近几年由于营销做得出色，市场的机会也好，订单呈每年40%的速度增加。为此，老板几乎每年都要翻倍地招人和扩大生产线，但不管他的投入多大，在管理上做了多么认真的努力，有一个严重的问题一直影响着他——他的工厂总是不能按期完成任务。为此，很多单子他都不敢接。

为此，老板多次进行中高层会议协商，但都无法得出结果，大家普遍反映的就是：随着规模扩大，各种成本——包括时间成本——肯定会增加。

正当他们一筹莫展的时候，一个一线员工提了个大胆的建议：取消返工的流程，将合格率直接与奖金挂钩。

管理层听到这个建议，很是不解。因为取消返工流程，就意味着增加员工的压力，在大家的观念里，还意味着"不可能"。但眼前没有其他办法，老板决定试试。结果，出乎大部分人的意料，取消返工流程后，工人们的实际反应是：第一次就把工作做对竟然如此简单！

短短三个月后，这家企业的产量实现了翻番，而产品质量并没有受到任何影响。

"第一次把事情做对"，它是用来衡量是否达到要求、是否执行到位的标准，也是时时刻刻警醒我们要尽最大的可能，在接手每一份工作时，抱着"一次就做对"的执行信念。

在工作中，第一次就把事情做对，是提高工作效率的第一步。它是一个观念，也是一个良好的工作习惯。它会节省我们很多的人力、物力、财力，使我们少走很多不必要的弯路。

1984年，34岁的张瑞敏走马上任，担任青岛市海尔电冰箱厂的厂长。

张瑞敏刚一上任，就颁布了13条规定，从禁止随地大小便开始，揭开了海尔现代管理之路。

在1985年的一天，有一位客户来到海尔，说是要买一台冰箱。结果这位客户挑了很多台冰箱都有毛病，最后勉强拉走了一台。

待客户走后，张瑞敏让员工把库房里的400多台冰箱全部检查了一遍。结果，发现这些冰箱中共有76台存在各种各样的缺陷。

张瑞敏把职工们叫到车间，问大家现在应该怎么办？大多数人提出，既然不影响使用，便宜点儿处理给职工算了。当时一台冰箱的价格800多元，相当于一名职工两年的收入。

于是，张瑞敏对职工们说："如果我允许你们把这76台冰箱卖了，就等于允许你们明天再生产760台这样的冰箱。"

所以，张瑞敏当场宣布：这些冰箱要全部砸掉，谁干的谁来砸。说着，就抢起大锤亲手砸了第一锤！在砸冰箱时，很多职工流下了眼泪。

随后，张瑞敏发动和主持了一个又一个讨论"如何从我做起，提高产品质量"的会议，并制订了许多质量管理制度，三年之后，海尔企业捧回了我国冰箱行业的第一块国家质量金奖。

试想，假如在生产这些冰箱时，第一次就让它们完全符合质量要求，就不会有这一砸冰箱事件了。尽管这是一件变坏事为好事的事情，但是，我们也不能不承认，砸冰箱造成了时间、精力和原材料的浪费。所以，如果不能第一次就把事情做到位，就意味着你要付出更多的时间，浪费的更多的生产成本。

一位雕塑家曾说过："艺术的完美就在于精益求精。"当你

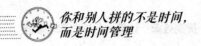
工作时，也应该具有这样的工作态度，这样严格要求自己：能做到最好就不要做到差不多，尽量一次就把事情做好。

一个人要想在某行业中领先，就必须抛弃"差不多就好"的工作标准，秉承"第一次就把事情做对"的原则，如果你可以努力达到艺术家的水平，就不要甘心沦为一个平庸的工匠。第一次就把事情做好，就要用高要求和高标准来要求自己，在做事的过程中，争取第一次就把事情做对，不给自己留下再三纠错的后遗症。

掌握"20 / 80 时间管理法"

1897年，意大利经济学者帕累托偶然注意到19世纪英国人的财富和收益模式。在调查取样中，发现大部分的财富流向了少数人手里。同时，他还从早期的资料中发现，在其他的国家，都发现有这种微妙关系一再出现，而且在数学上呈现出一种稳定的关系。于是，帕累托从大量具体的事实中归纳出一个简单而让人不可思议的结论：80%的社会财富集中在20%的人手里，而80%的人只拥有社会财富的20%，即：财富在人口中的分配是不平衡的。后来，这一发现就演变成为"二八法则"，并被广泛地认知和应用到生活的各个领域之中。

当你把80/20法则应用到时间管理上时，你会发现：一个人大部分的重大成就，包括在专业、知识、艺术、文化或体能上所表现出的大多数价值，都是在他自己的一小段时间里取得的。80/20法则这时可以表述为：80%的成就，是在20%的时间内取得的；

反过来说，剩余的80%时间，只创造了20%的价值。一生中80%的快乐，发生在20%的时间里；也就是说，另外80%的时间，只有20%的快乐。它揭示了我们不愿意接受的事实：我们所做的事情大部分是低价值的。我们所拥有的时间里，一小部分时间比其余的多数时间更有价值。它告诉我们那些能为我们带来80%收益的事情就是重要的事情；那些高投入低回报的事情就是不重要的事情。把最重要的事情放在最前面去做，那些不重要的事情少花时间去做。许多人用直觉即可明白这个道理，而千百个忙碌的人并不知道学习管理时间，他们只是瞎忙。我们必须改一改我们对待时间的态度。80/20法则给我们进行时间管理提供了一种思考模式。

　　三年前，周华还是一个收入很低的销售员，每天工作超过十四个小时，年收入为3万多元。但现在，他每个天只工作四小时，收入却是以前的十倍。换算一下，他的时间报酬率竟然是以前的三十五倍！省下来的时间，他用来学习MBA，打球。

　　周华的时间复利是如何产生的？有一天，他工作到疲累不堪时，偶然读到帕累托的80/20法则："20%的意大利国民，创造全意大利80%的财富"，而不可思议的是，这法则适用于所有的事情。也就是说，"80%的产出，其实只来自20%的投入，只要将时间专注在那20%上，你就可以多出80%的时间。"重点是，你必须找出那"关键的20%"！

　　周华仿佛发现新大陆般的兴奋，立刻摊出客户与业绩的关系图，他发现，果然公司80%的业绩，是由不到20%的客户所撑起来的；但其他80%的客户却占据他过去大部分的时间，于是，他当机立断，把时间重新分配，不再主动理会那些可有可无的客户，专心伺候那20%的准客户。接着，他将

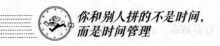
此一法则，运用在信息处理、客户拜访等各方面。于是，他从一名普通的销售员，晋升为销售经理。

从这个事例可以看出，将80/20法则运用在时间管理上时具有重要意义的，它能够大大提高工作效率。以20%的付出取得80%的成果，最后的结果占了80%的大部分。因此，在你的工作或生活中，你应该把十分重要的项目挑选出来，专心致志地去完成，即把时间用在更有意义的事情上。

按照二八法则，不管你面临的事情有多少，你总是先做最重要的事情。如此坚持下去，你的人生才会逐渐朝着积极、向上的方向走去。平时养成一个好习惯，把自己认为最重要的事情列出来，并把它摆在第一位，提醒自己在第一时间以旺盛的精力去完成它。凡能成大事者，他们永远是先做最重要的事情，这是他们成功的最佳秘诀！

全公司里除了创立者以外，亨利是唯一的逍遥自在者。亨利前往另一个遥远的国家，在那儿有一个快速成长的公司，员工主要来自家乡，工作非常努力。没有人知道亨利如何运用时间，也不知道他的工作时间是多少，但他的确逍遥自在。亨利只参加重要客户的会议，其他事务则授权给年轻合伙人处理。

亨利虽是公司领导者，却不管任何行政事务。他把所有精力拿来思考如何在与重要客户的交易中增加获利，然后再安排用最少人力达到此目的。亨利的手上从不曾同时有三件以上的急事，通常一次只有一件，其他的则暂时摆在那儿。为亨利工作的人充满挫折感，但他确实效率奇高。

这个事例同样验证了80/20法则在时间管理上的巨大效用。

时间管理理念在工作中正被各类人群加以广泛推崇。运用80/20法则，你可以很快地找到符合自己的时间管理方法。80/20法则对于时间的分析，是与传统看法不同的，而受制于传统看法的人，可从这个分析中得到解放。80/20法则主张我们目前对于时间的使用方式并不合理，所以也不必试图在现行方法中寻求小小的改善。我们应当回到原点，推翻所有关于时间的假定。依80/20法则的看法，如果我们在重要的20%的活动上多付出一倍时间，便能做到一星期只需要工作两天，收获却可比现在多60%以上。这无疑是对于时间管理的一项革命。

在生活中，有很多时候都可以用到80/20法则，最常见的几种情况如下：

1. 工作任务。把你在所有的工作任务进行归类划分，将它们逐条登记，并注明每个类别中所需花费的时间（例如，1小时用来收发邮件，1小时用来查阅资料，等等）。然后，你再对每个类别进行价值评估，看这项工作能为你贡献多少业绩。最后，你消去或者委派他人去做那些低价值的工作，自己集中精力于高价值的工作任务。

2. 电视节目。记录下自己在两三个星期内看电视的习惯。根据自己喜好对那些电视节目进行一个主观上的评估。评估后，统计出你在不同节目上所花费的时间。如果你之前定制过收费频道，而平时自己又很少观看，那么就取消它。当有的节目在播放时自己恰好没时间看，可以考虑将它录下来，放到空闲的时间去看。这样做的好处是有的放矢，既能让你节约很多时间，还能省去一些不必要的花费。

3. 时间分配。记录自己一天内所做的事情，并记下事情的开始时间和结束时间，然后把这些事件分到不同的类别中，列成条目。从条目中找出那些没有对你的效率、生活目标、个人幸福产生任何贡献的类别，然后删除它们。

4. 网页浏览。记录自己的上网习惯，包括你经常浏览的网站、使用的浏览器等。找出那些让你花费时间最多却没什么价值的网站。例如，上班时间浏览与工作无关的新闻、网上购物、玩网络游戏等，这里面的时间浪费会让你感觉到触目惊心。

5. 朋友圈子。审视你的交际圈子已经和朋友的关系。大概地估算一下你与每个朋友的交流所花费的时间和精力，并比较一下他们给你带来的压力或者快乐。你很可能会发现，一些朋友事实上都是在给你添加麻烦或者恶意的影响，而有一些真正的朋友却需要你投入更多时间去加强交流。

6. 奋斗目标。每个人都有奋斗目标，目标是你生活的动力。审视一下你的目标，估计你需要的资源（时间、金钱、精力等）与你能从中获得的利益是否成正比。然后你就可以集中于那些有价值的目标，去掉没作用的目标。

从现在起，你不妨重新审视自己所做的事情。通过运用80/20法则，让自己集中精力做好所占比例较少的最具价值的事情，而其余大部分低价值的事情则可忽略不计。这样你就可以通过最短时间的工作取得最大的业绩。

用"分"计算时间，零碎时间有大作用

时间是每个人与生俱来的一笔财富。善于掌握和运用这笔财富，是一种对生命的经营。而管理好了生命当中的零碎时间，我们就能拥有更多的时间！

所谓零碎时间，主要是说工作的间歇、用餐时间、上班或下班路上的时间等等。虽然在零碎时间里，我们基本无法完成什么重要的事情，但如果将这些零散时间白白地浪费掉又未免太可惜了，因此我们应将这些零散的时间有效地利用，这样就会节约很多的时间，为人生添上绚丽的一笔。

古往今来，一切有成就的学问家都善于利用零碎时间。达尔文说："我从来不认为半小时是微不足道的。""完成工作的方法是爱惜每一分钟……"宋代文学家欧阳修认为："余平生所作文章，多在三上：马上、枕上、厕上。"我国著名数学家苏步青教授经常用零星时间著书立说，他说："别看时间零碎，分分秒秒的时间好比'零头布'，只要充分利用，能做不少事呢。"而陈景润则总是把去食堂买饭的时间拖后，以避免排队浪费时间，同时还可以把饭前的零碎时间归到整块时间中去，他称之为"时间嫁接法"。东汉学者董遇，幼时双亲去世，他好学不倦，利用一切可以利用的时间来学习。他曾经说："我是利用'三余'来学习的。""三余"，即"冬闲、晚上、阴雨天不能外出劳作的时候"。这样日积月累，董遇终有所成。把零星时间连结起来就会出现一批有用的时间。懂得利用零碎时间的人，可以用最短的时间发挥出最大的效率。

事实上，那些成功者大都能很好的管理自己的时间，规划自己的人生，用20%的时间创造出80%的效益，他们的成功具有必然性。所以，请不要再抱怨时间不够用，如果你可以把一些看起来零散的时间集中利用，也会取得不小的收获。

在我们的生活中，常常有一些零碎和闲暇的时间，它看起来很不起眼，只有十分钟、八分钟，但日久天长，积累起来将是一个十分可观的数字。如果把他们积累起来好好利用的话，肯定会有很大的收获。

肖丽是一位钢琴教师。有一天，她给学生上课的时候，忽然问大家，每天要花多少时间练琴。

有一个叫林超的学生说："大约三四个小时。"

"你每次练习，时间都很长吗？"肖丽老师又问。

"我想这样才好。"林超说。

"不，不要这样。"她说，"你将来长大以后，每天不会有长时间的空闲。你可以养成习惯，一有空闲就几分钟几分钟地练习。比如在你上学以前，或在午饭以后，或在休息余暇，5分、10分钟地去练习。把练习的时间分散在一天里面，如此弹钢琴就成了你日常生活的一部分了。"

那时林超大约只有14岁，年幼疏忽，对于肖丽老师所说的道理未加注意，但后来回想起来真是至理名言，尔后他从中得到了不可估量的益处。

当林超在师范大学教书的时候，他想兼职从事创作。可是上课、看卷子、开会等事情把他白天晚上的时间完全占满了。差不多有两个年头他一字未动，他的借口是没有时间，这时，他才想起了肖丽老师告诉他的话。

到了下一个星期，他就把老师的话实践起来。只要有5分钟的空闲时间，他便坐下来写作100字或短短几行。

出乎他意料之外，在那个周末，他竟写出相当数量的稿子了。

后来，林超用同样的方法积少成多，创作长篇小说。他的授课工作虽然十分繁重，但是每天仍有许多可利用的短短余闲。他同时还练习钢琴。他发现每天小小的间歇时间，足够他从事创作与弹琴两项工作。

其实，每个人都有很多的零散时间，就算把工作和生活安排得再怎么井然有序，难免总还是会在无意中多出一些零碎时间。但很多人都是浪费了这些零散的时间，而没有能够将这些零散的时间一点一滴地积累起来做其他事情。如果可以做到每一点零散时间都充分利用，用来做一些小工作，譬如一些零散的工作，那么积少成多也可以做很多事情的。

每个人的生命中，都有许多零散的时间，我们要学会找出来并加以利用，创造属于自己成功的人生。要想找出零散的时间，二八法则给我们以下几个方面的提示：

1.善用等候与空当的时间。在生活中，不管你计划得多好，总会有许多时间让你等待。比如，你可能会错过班车、地铁、飞机，或是遭遇到其他出其不意的中途休息。也许，你已经尽了自己最大的努力，去小心谨慎地计划每一件事，但是当你实行的时候，你可能仍会发现许多你计划之外的事情会发生，许多无所谓的时间将会被浪费。对于那些成功的人士来说，他们会在这种情况下所做的事是，自己带上一本书，或是带上一个笔记本，读读书，写写东西，修改修改报告，查看一下自己的语音邮件，打几个电话等等。

2.用好上班路上的隐藏时间。通常，我们每天上班的路上要花费很多时间，即使每天单程通勤只要30分钟，几年下来的总数也相当惊人。假如你从未计算过总数，也许你会对这个结果大吃一惊：你一周上班5天，每天单程30分钟，50个星期总共花在通勤的时间是250小时，以每天8小时工作日计算等于每年花上超过6个星期在路上，整整6个星期！如果每天单程通勤时间一小时，你每年花在路上的时间则超出3个月。因此，要在这些时间上做些有意义的事，不要让它白白浪费了。

3.合理规划工作时间，管理好自己工作以外的其他时间，让每一分每一秒都能创造出新的价值。充分利用"缝隙"时间是管理时间的一种方式，把想做的事情分成很多部分，见缝插针的完成工作，则是提高时间利用效率的另一种方式。

4.利用好假日时间。我们不但应当规划好一天的二十四小

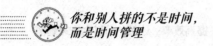
时，也应当规划好一年的三百六十五天，利用好每个法定假日和周末休息日，一年就会多出130天左右的时间可供自己安排。可巧妙的把这些时间加以利用，必定能得到意想不到的收获。

有效率观念，别虚耗时间

当今社会是一个追求速度、讲究效率的社会。时间决定效率，荒废时间就是荒废效率乃至生命。因此，如何合理安排时间、有效掌握时间是我们每个人必须学习的一门艺术。

人的生命是有限的。以现在人均寿命计算，人一生将占有50多万个小时，除去睡眠时间也有30多万个小时。人的一生是消耗时间的过程，不同的是每个人对时间的利用和发挥是不一样的，因而实际生命的长短也是不一样的。比如：以分计算时间的人比用小时计算时间的人要多拥有59倍的时间；以秒计算时间的人则又要比用分计算时间的人多拥有59倍的时间。对于珍惜时间的人来说，时间就这样不断增加，甚至是成倍地增加。所以说，时间无限，生命有限。在有限的生命里能倍增时间的人就拥有了做更多事情的资本。

把同样的工作交给不同的人，他们完成所耗费的时间却各有不同。有些人要花上一星期才完成的工作，有些人却只需要一天的时间。为什么会有这样大的差别？这除了学识和能力不同外，同样重要的理由，是因为时间管理不同。做事效率高的，往往时间管理较佳；而做事效率低的，则时间管理十分差。

有这样一个事例：

一个人想泡壶茶喝。当时的情况是：开水没有；水壶要洗，茶壶茶杯要洗；火生了，茶叶也有了。怎么办？办法一：洗净水壶，灌上凉水，放在火上，坐待水开；水开了之后，急急忙忙找茶叶，洗茶壶茶杯，泡茶喝；办法二：先做好一些准备工作，洗水壶，洗茶壶茶杯，拿茶叶；一切就绪，灌水烧水；坐待水开了泡茶喝。办法三：洗好水壶，灌上凉水，放在火上；在等待水开的时间里，洗茶壶、洗茶杯、拿茶叶；等水开了，泡茶喝。哪一种办法省时间？我们能一眼看出第三种办法好，前两种办法都浪费了时间。

由此可见，合理安排时间，就等于节约时间。时间给每个人同一时期拥有的数量是相等的，但是在相等的时间里所从事的效果、业绩却不是相等的，这就是每个人的效率不同。要想切实提高工作效率，掌控好时间显得至关重要。

王刚是一家外企的高管，他十分注重时间的管理，善于把时间有效地利用起来。在他的每个工作日里，一开始的第一件事情，就是将当天要做的事情分成三类：第一类是所有能够带来新生意、增加营业额的工作；第二类是为了维持现有的状况、或使现有状态能够继续存在下去的一切工作；第三类则包括所有必须去做、但对企业和利润没有任何价值的工作。

在完成所有第一类工作之前，王刚绝不会开始第二类工作，而且在全部完成第二类工作之前，绝对不会着手进行第三类工作。

"我一定要在中午之前将第一类工作完全结束"，王刚给自己规定因为上午是他认为自己最清醒、最有建设性思考

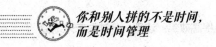
的时间。"你必须坚持养成一种习惯：任何一件事情都必须在规定好的几分钟、一天或者一个星期内完成，每一件事情都必须有一个期限。如果坚持这么做，你就会充分利用了你的时间，大大提高了你的工作的效率。"

由上面的例子不难看出，在职场中，有些人的工作效率低，业绩提高不上来，绝对不是因为工作任务太重。也绝对不是因为8小时的时间太短暂，而是没有合理的安排时间，没有有效地利用时间，所以才走进了职业的危机。

工作中，许多人非常勤奋努力，每天都忙，却忙的不是地方。他们经常加班加点，没有周末，没有休息时间，简直就是"忙碌"二字的化身，但总是没有做好自己应该做的事情。究其原因就在于：没有有效利用工作时间，进行高效工作。

一个人不懂得有效地利用工作时间，在上班时间不努力工作，而事后却疲于弥补的人，终将会掉入职业危机的陷阱的。而补救的方法也只有一个，那就是——有效地利用时间提高工作效率。

爱迪生是举世闻名的"发明大王"，他一生共发明了电灯、电报机、留声机、电影机、磁力析矿机、压碎机等等总计两千余种东西。爱迪生的强烈研究精神，使他对改进人类的生活方式，作出了重大的贡献。而这一切都归功于他对时间的珍惜。

一天，爱迪生在实验室里工作，他递给助手一个没上灯口的空玻璃灯泡，说："你量量灯泡的容量。"他又低头工作了。过了好半天，他问："容量多少？"他没听见回答，转头看见助手拿着软尺在测量灯泡的周长、斜度，并拿了测得的数字伏在桌上计算。他说："时间，时间，怎么费那么多的时间呢？"爱迪生走过 来，拿起那个空灯泡，向里面斟满了水，交给助手，说："里面的水倒在量杯里，马上告诉我它的容量。"助手立刻读出了数字。爱迪生说："这是多么容易的测量方法啊，它又准确，又节省时间，你怎么想不到呢？还去算，那岂不是白白地浪费时间吗？"助手的脸红了。爱迪生喃喃地说："人生太短暂了，太短暂了，要节省时间，多做事情啊！"

提高工作效率的关键，在于专心致志地去做最有价值的工作，一次只做一件事情，并不断实践，将其养成工作习惯。这样，工作效率就会成倍地增加，进而获得更多的可自由支配的时间，有效地进行时间管理。

效率是做好工作的灵魂。执行高效就会胜人一筹；执行低效就会落后挨打。执行的有效性不是从工作的任务开始，而是从掌握时间开始。所以，有效的执行最显著的特点之一，就在于把握时间。如果你不想将自己宝贵的时间荒废在无用的琐事上，如果你不想长年累月地在危机的边缘徘徊，那么，合理利用时间、高效工作就是你必须要做到的。

总之，只有高效利用时间工作，我们才能在有限的时间内创造出高人一筹的业绩；只有利用时间高效工作，我们才能避免走入职场危机：也只利用时间高效有高效工作，我们才能将工作真正做到最好，履行好自己的职业使命、人生使命。人，永远是时间的主人。有效地利用时间来提高工作效率是避免职场危机的一个重要法则之一。

让每一分钟都产生效益

著名的物理学家爱因斯坦认为，人与人之间的最大区别就在于怎样利用时间。我们出生时，世界送给我们最好的礼物就是时间。不论对穷人还是富人，这份礼物是如此公平：一天24小时，我们每一个人都用它来投资经营自己的生命。有的人很会经营，可以把一分钟变成两分钟，一小时变成两小时，24小时变成48小时……他用上天赐予的时间做了很多的事，最终换来了成功。其实，这世界上的伟人、元首、科学家、发明家、文学家等等，最成功之处就是运用时间的成功，他们都是运用时间的高手。

每个人从生到死的时间都是差不多的，但是，在相同的时间里，有些人能够做很多事情，效率很高，而另一些人却只能做极少的事情，没有效率。就好像时间对有些人长，对另一些人短。其实时间的长短，是由人怎样利用决定的，在同样的时间里，有的人做的事多，有的人做的事少，这样时间就有了长短的区别。

但是，无论是总统、企业家，或是工人、乞丐，每个人的一天都只有24小时，这是上苍对人类最公平的地方。虽然如此，但就有人有本事把一天的24小时变成48小时来用。这不是神话，而是事实。

有这样一位成功人士，他每天早上5点起床，先做早操，然后吃早点、看报纸，接着开车去上班，车上听的不是路况报道，而是语言录音带，有时也听演讲录音带。由于早出门，因此不会塞车，到达办公室差不多7点半，他又用7点半到9点这段时间把其他报纸看完，并且做了剪报，然后，准备一天上班所要的资料。中午他在饭后小睡30分钟，下午继续工作，到了下班，他会利用一个多小时看书，在7点左右回家，因为不堵车，半小时可回到家吃晚饭。在车上，他仍然听录音带或演讲录音带。吃过饭后，看一下晚报，和太太小孩聊一聊，便溜进书房看书、做笔记，一直到11点上床睡觉。

他和别人不一样，因为他的一天有48小时，也就是说他一天做的事情是别人两天才能做完的事情。很显然，他的成就超过了他的同龄人。其实他也没什么法宝，他只是不让时间白白地流逝罢了。

其实，要让时间流逝是很容易的，发个呆，看个电视，打个电动玩具，一个晚上很容易就打发了。如果天天如此，一年、两年很容易就过去了，人生也就过去了。

这世界上有许多人不懂得珍惜时间，不懂得珍惜现在所拥有的一分一秒。事实上，时间是一分一秒积累的。一位名人曾说过："我是把别人喝咖啡的时间都用在工作上的。"可见他对零星时间的珍惜。一个人若要在学识上有所造诣，在事业上有所成就，没有这种惜时如金的精神，没有时不我待的紧迫感，是决然不成的。所以，我们一定要学会珍惜时间，让每一分钟都产生效益。

巴尔扎克说："时间是人的财富、全部财富，正如时间是国家的财富一样，因为任何财富都是时间与行动之后的成果，巴尔扎克是怎样珍惜和利用时间的呢？

让我们看看巴尔扎克普通一天的生活吧：

午夜，墙上的挂钟敲了十二响，巴尔扎克准时从睡梦中醒来，他点起蜡烛，洗一把脸，开始了一天的工作。这是最宁静的时刻，既不会有人来打扰，也不会有债主来催账，正是他写作的黄金时间。

准备工作开始了，他把纸、笔、墨水都放在适当的位置上，这是为了不要在写作时有什么事情打断自己的思路。他又把一个小记事本放到写字台的左上角，上面记着章节的结构提纲。他再把为数极少的几本书整理一下，因为大多数书籍资料都早已装在他脑子里了。

巴尔扎克开始写作了。房间里只听见奋笔疾书的"沙沙"声。他很少停笔，有时累得手指麻木，太阳穴激烈地跳动，他也不肯休息，喝上一杯浓咖啡，振作一下精神，又继续写下去。

早晨8点钟了，巴尔扎克草草吃完早饭，洗个澡，紧接着就处理日常事务。印刷所的人来取墨迹未干的稿子，同时送来几天前的清样，巴尔扎克赶紧修改稿样。稿样上的空白被填满了密密的字迹，正面写不下就写到反面去，反面也挤不下了，就再加上张白纸，直到他觉得对任何一个词都再挑不出毛病时才住手。

修改稿样的工作一直进行到中午12点。整个下午的时间，他用来摘记备忘录和写信，在信上和朋友们探讨艺术上的问题。

吃过晚饭，他要对晚饭以前的一切略作总结，更重要的是，对明天要写的章节进行细致缜密的推敲，这是他写作中一个非常重要的环节，一个必不可少的步骤。晚上8点，他放下了一切工作，按时睡下了。

这普通的一天，只是巴尔扎克几十年间写作生活的一个缩影。

事实表明，只有巧妙的管理时间、合理的利用时间，才能发挥时间的最大价值。

善于利用好时间非常重要，如果时间不好好规划一下，就会白白浪费掉。经验表明，成功与失败的界限在于怎样分配时间，怎样安排时间。在工作中，一些人往往认为这儿几分钟，那儿几分钟算不得什么，其实它们的作用非常大。正像本·富兰克林所指出的："时间是所有资源中最重要的资源之一，既无法替换也无法补救。你的时间用错了，你的使用也就到头了。"

刘先生是一家公司的经理，这天早上和往常一样，刘先生走进办公室，看到桌子上一摞的报表，感到很头疼。但是迫于工作需要，他只好静静地坐下来，认真地审阅。当看了一部分后，秘书走了过来，告诉他有一位客户要见他。

刘经理毫不在意地说："让他先在客厅等一会儿，我马上就过去。"

大约一杯茶的时间，刘经理走进了会客室，看见客人正焦躁地在会客大厅里徘徊，他马上满脸堆笑地说："真抱歉，我今天的事情太多了，实在抽不开时间。"

客人听了他的这句话，非常气愤地说："既然你实在没有时间，那么我们改天再谈吧。"

客人说完转身就走了，刘经理不知所措地看着客人的背影消失在门口。

第二天公司就辞退了刘经理，因为刘经理的行为使公司失去了一个千万美元的生意。

刘经理不是很忙，而是没有设计好时间，消极面对工作。最重要的结果是，不但被上司给辞退了，而且也给自己带来了更多

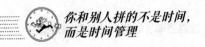
的痛苦和烦恼。

工作过程中，我们其实有很多时间没有很好地安排和利用。你或许根本就没有察觉到它的存在，但它一直在影响着你工作的效率。要想提高你的工作效率，要做的就是把时间找出来，并很好地利用它。

1.制定计划。列一张单子，写下所要做的事，然后分门别类计划好。这样能使较复杂的事情变得容易处理。而且每完成一小步，就会有成就感。

2.分清轻重缓急。先做重要的、必须做的事。不要尽挑最容易、最喜欢的事下手。分清轻重缓急，是高效工作的重要原则和基本方法。

3.专心致志。改掉心不在焉的习惯，加强自我约束，将干扰降低到最低限度。

4.提高效率。找出处理问题的最好方式。例如：根据事情的重要程度来做事。

5.巧利用零散时间。饭前饭后、等公共汽车时、上班下班的路上，都可以挤出十分钟的时间来阅读、回忆或思考一些问题。俗话说"巧裁缝不厌零头布，好木匠不丢边角料"，几分几秒的时间，看来微不足道，但汇合起来就大有可为。

总之，只有学会统率时间，驾驭时间，充分的利用好时间，才能在有限的时间内高效高质的完成任务。

妙用生物节律，应用时间发挥最大效益

什么是生物钟？生物钟又称生理钟。它是生物体内的一种无形的"时钟"，实际上是生物体生命活动的内在节律性。科学研究表明，有生命的物体，其生理，其行为，会随着定的时间做周期性的变化，人也是如此。在日常生活中，几乎每个人都有这么一种感觉，有时体力充沛，情绪饱满，精神焕发；而另一些时间，又感到浑身疲乏，情绪低落，萎靡不振，这种表现人体随着时间作周期变化的各种行为的、生理的心理现象，叫人体生物节律，也叫人体生物钟。

很多研究报告指出，按照人的心理、智力和体力活动的生物节律，来安排一天、一周、一月、一年的作息制度，不仅能提高工作效率和学习成绩，还能减轻疲劳。经过专家的实验证实：学生的考试成绩和他本人的生物节律有着十分密切的关系。他们发现：成绩好的学生如果考试时生物节律处于高潮期（尤其是智力节律），就能考出理想的成绩，甚至超水平发挥；反之，如果在临界期或低潮期，成绩或多或少就要受到影响。成绩一般的学生，生物节律对他们的影响更显著，高潮期可能考出较好的成绩，而低潮期或临界期则可能考出较差的成绩。而生物节律对成绩很差的学生影响不显著。这可能是因为这些学生平时基础太差，即使处在生物节律高潮期，他们也拿不出东西来"发挥"的缘故。

北京市有一位叫周莉的女同学，初中毕业后，只用了3个月时间，就在教师的指导下，自学了高中阶段的主要课程，而且以优异的成绩考上了哈佛大学。她是如何利用时间的呢？

周莉说："时间对我们来说，是十分珍贵的，它分秒不停地无情地消逝。为了在短时间内抓出学习成效，将两年的功课在3个月内完成，就要在如何使1秒变成2秒、3秒、4秒上下工夫。时间是拉不长的，无论你有多大的气力。但是，使之'以一当十'的办法是有的，就是提高单位时间的学习效率。提高效率的诀窍有两个，一是集中精力；二是合理安排时间。所谓集中精力，就是在学习时，要特别专心，把注意力统统放在学习、钻研问题上，而将其他无关的东西统统赶走。否则，看样子你也在看书，实际上心不在焉，结果什么收获也没有，那怎么会有效率呢？合理安排时间，也可以出效率……"

"每天早、中饭前，我背背公式，想想定理，把中心问题、章节要点看看。上午一般看教科书、参考书；下午做题，到四五点钟时，找点综合性的难度较大的题做。累了，看看别的内容，换换脑筋。晚上，再看书。3个月中前一段，我是该学习就学习，该玩就玩，该看电视就看电视，该锻炼身体就锻炼身体。精力充沛，记忆力好，学习效果好。后一段，全天从早到晚学习，效果并不比前段好，因为精神疲劳，不集中，欲速则不达。合理地掌握最佳学习时间，安排学习、休息、娱乐、锻炼对自学太重要了。"

周莉的成功在于她已经掌握了自己的生物钟并在此基础上做好了学习计划。参照计划执行，当然会事半功倍。

生活中，有些人往往忽视"生物钟"的存在，把"头悬梁，锥刺股"当作成才的唯一途径，晚上"攻关"到一二点，由于生物钟作用，智力下降，使效率显著下降。第二天整整一个上午昏昏沉沉，始终达不到最佳智力状态，午后和黄昏又加紧学习，无奈已进入智力低潮，影响晚上的学习效率。如果长期破坏"生物钟"规律，不可避免地会导致失眠和神经衰弱。每年高考前，总有一些考生由于神经衰弱而无法投考，每年大学新生入学后，又总有一些学生因神经衰弱而休学，这是需要认真吸取的。"悬梁刺股"，其实就是和生物钟规律作"顽强斗争"，短时间作用一下，还可以有点功效，长期使用就要付出高昂代价。

在生活中，往往可以发现一些刻苦的学生，成绩平常；一些蹦蹦跳跳的学生，反而成绩优秀，人们往往认为前者笨而后者"天分高"。其实，这和"生物钟"规律很有关系，前者由意志控制学习时间，经常破坏生物钟规律；后者往往比较任性，困了就休息，精神来了就学习，较好地利用了智力高峰。

不仅学习如此，在工作方面，"生物钟周期律"对人同样有一定影响，我们应因势利导，在高潮期时，增加任务量，提高效率。低潮期时，保持正常的任务量，做好充分的心理准备，防患于未然。

英国有人测出1天24小时内，人的大脑有4次"黄金时刻"：第一次是早4时至6时大脑清醒，是学习的最好时刻。上午9时至11时，脑由抑而扬，注意力强，记忆力好，联想力佳，是第二个黄金时刻。下午5时至7时，人的嗅觉的灵敏度达到最好状态，脑力、体力、耐力又进入一个高峰时期，这是第三个黄金时刻；晚上8时至9时，脑力又处于活跃时期，是一天中第四个黄金时刻，可以从事各种创造活动。但什么东西都有其特殊性。这一"黄金时刻"定律也并非人人如是。

人一天中有几个黄金时刻是一定的，摸准了自己的黄金时刻在哪几段时间，定计划时将较深、较难的题放在这段时间完成，

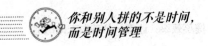
会明显提高学习和工作效率。

俄国著名的地质学家奥勃鲁契夫，热衷于自己的工作，为了更充分地利用时间，他根据自己的生物钟，把每天分成"三天"。

"第一天"从早晨起床到下午两点，这段时间内，除了日常起居，奥勃鲁契夫做最重要的工作。他说，"第一天"精力比较旺盛，应该把首要任务完成。这样，不至于虎头蛇尾，往往处理不好事情。

"第二天"从下午两点到晚上六点，这段时间内，奥勃鲁契夫做比较轻松的工作。他认为，上午下来，人已经够累了，不能总绷紧精神，要劳逸结合。这样，工作才能进展，才能取得最大的绩效。

"第三天"从晚上六点到凌晨，这段时间内，奥勃鲁契夫读书或者做必要的业余活动。他说，人是活动的动物，读书增长知识固然重要，而参加一些户外运动也至关重要。人要精神和身体素质同时发展，两者不可或缺。

奥勃鲁契夫就是这样抓紧时间，把生命延长了两倍。有时，他的妻子问他："你天天如此，不觉得不自然吗？你和别人生物钟不一样，是否在搞特殊？"

奥勃鲁契夫呵呵笑说："要想比别人活得有意义，就得利用时间，而利用时间必须有适合自己的方法。我认为，一天分三个阶段，不仅劳逸结合，而且能更有效地掌握我希望掌握的知识。至于在搞特殊，或许是如此吧！人生来就不一样，如果我都像其他的人一样，不但失去了自我，而且有可能模仿他人的同时最后落得后悔的结局。"

妻子接着问："你每天凌晨睡觉，早上六点钟起床，你的睡眠时间是否安排地妥当？"

奥勃鲁契夫说："对于我这般年纪的人，六小时的睡眠时间再好不过了。如果我现在还年轻，是青少年，我当然每天安排八九个小时的睡眠时间；如果我是老人，当然睡眠时间比现在还应延长一点。"

妻子听了，若有所悟地点了点头。

掌握人体生物节奏的规律，是为了扬长避短，使人们更好地工作、生活和学习。每个人最佳时间即精力最旺盛、思维最敏捷、情绪最高涨的那段时间是不一样的，每个人要根据自己的实际，找准自己每天中的最佳时间，保证这段时间不受干扰，以给这段时间安排较多的学习任务，安排最艰深、最困难的学习内容。例如，有的作家，上午笔下枯涩，但神思飞扬；下午运笔如有神，文采流转。那么他采取的做法就是，上午进行构思、谋局布篇，下午伏案写作。还有的人，在景色秀丽的环境里或节奏舒缓的乐曲中大脑非常活跃，办事效率很高，那么他就应该依据自己的特点，进行科学安排，大可不必削足适履，闹出庸人自扰的笑话。

根据生物节律的不同，人通常分为"早晨型""夜晚型"，即"百灵鸟型""猫头鹰型"几种。大脑的活跃周期因人而异，有的人白天做事效率高，有的人喜欢晚上做事。如果你要进行大量记忆，就应该清楚自己属于哪种大脑活跃类型，在你大脑活动的巅峰期去学习，那样才会事半功倍。

怎样才能充分利用生物节奏呢？首先，保持旺盛精神状态十分重要。当体力、情绪和智力状态处于高潮期时，就充分利用自己良好的"竞技"状态，努力学习，勤奋工作，多做贡献。而在体力、情绪和智力处于低潮期和临界期时，就应让自己学会放松。紧张的心理状态会影响人的体力和大脑的机能，使工作和学习效率进一步下降。在低潮期要做到：适当注意休息、锻炼和营

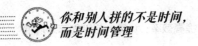
养，注意用脑的卫生，如变换大脑活动的方式，轮流学习不同的内容，使大脑的各个区域交替活动、劳逸结合，这样可以使大脑保持较长时间的高潮状态，有利于提高工作和学习的效率。

大脑是一个奇妙无比、精巧绝伦的神奇组织，它创造了意识的瑰丽世界。每个人的大脑都是独特的，因而所拥有的生理节律也是独特的。如果将每个人的大脑比作钟表的话，那么世界上千千万万的钟摆所发出的滴答声肯定各不相同。同样是一个小时时间，有人可以完成更多的工作，有人却会觉得力不从心，还比别人累。究其根本是源于不同人体内的生理节律不同。因此，在制订计划时我们应当从自身的生理节律出发，完善管理和利用自己的精力。

第四章 自动自发：
主动做好每一件该做的事情

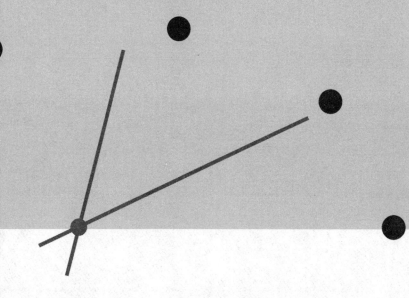

战胜懒惰，勤奋是高效之源

富兰克林曾经说过："懒惰就像生锈一样，比操劳更能消耗身体。""懒惰"是人生中最可怕的敌人，许多本来可以做到的事，都因为一次又一次的懒惰、拖延而错过了成功的机会。"懒惰"又是个很有诱惑力的怪物，人一生随时都会与它相遇。比如，早上躺在床上不想起来，起床后什么也不想干，能拖到明天的事今天不做，能推给别人的事自己不做，不懂的事自己懒得懂，不会做的事自己不想做……

古时有位姓王的青年，是个大户人家的子弟，从小就事爱道术，他听人说崂山上有很多得道的仙人，就前去学道。

王生在清幽静寂的庙宇中，只见一位老道正在蒲团上打坐，只见这位老道满头白发垂挂到衣领处，精神清爽豪迈，气度不凡。王生连忙上前磕头行礼，并且和他交谈起来。交谈中，王生觉得老道讲的道理深奥奇妙，便一定要拜他为师。道士说："只怕你娇生惯养，性情懒惰，不能吃苦。"王生连忙说："我能吃苦。"老道便把他留在了庙中。第二天，王生在师父的吩咐下随众人上山砍柴。

这样过了一个多月，王生的手和脚都磨出了很厚的茧子，他忍受不了。这种艰苦的生活，暗暗产生了回家的念头。

又过了一个月后，王生吃不消了，可是老道还不向他传授任何道术。他等不下去了，便去向老道告辞说："弟子从好几百里外的地方首来投拜您，不指望学到什么长生不老的仙术，但您不能传些一般的技术给我吗？现在已经过去两三个月了，每天不过是早出晚归在山里砍柴，我在家里，从来没吃过这样的苦。"老道听了大笑说："我开始就说你不能吃苦，现在果然如此，明天早上就送你走。"

王生听老道这样说，只好恳求说，"弟子在这里辛苦劳作了这么多天，只要师父教我一些小技术也不枉我此行了。"老道问："你想学什么技术呢，"王生说："平时常见师父不论走到哪儿，墙壁都不能阻隔，如果能学到这个法术就满足了。"

老道笑着答应了他，并领他来到一面墙前，向他传授了秘诀，然后让他自己念完秘诀后，喊声"进去"，就可以进去了。王生对着墙壁，不敢走过去。老道说，"试试看。"王生只好慢慢走过去，到墙壁时披挡住了。

老道指点说："要低头猛冲过去，不要犹豫。"当他照老道的话猛向前冲，真的未受阻碍，睁眼已在墙外了。王生高兴极了，又穿墙而回，向老道致谢，老道告诫他说："回去以后，要好好修身养性，否则法术就不灵验了。"说完，就让他回去了。

王生回到家中自得不已，说自己可以穿越厚硬的墙壁而畅通无阻。他妻子不相信。于是，王生按照在老道处学的方法，离开墙壁数尺，低头猛冲过去，结果一头撞在墙壁上，立即扑倒在地。

生性懒惰，却还想得道成仙，这无疑是异想天开。懒惰不改，要想获得成功，必定会碰壁的。如果说王生的遭遇是一个懒惰者的遭遇，那么王生所得的教训就是所有懒惰者的教训了。

对于任何人而言，懒惰都是一种堕落的、具有毁灭性的东西。懒惰的人不会取得事业的成功，生活也不会过得幸福。庄子曰："夫哀莫大于心死，而人死亦次之。"对于一个人来说，惰性是一事无成的重要原因。世上没有哪个人生下来就该贫穷、潦倒。在机会均等的情况下，一个人能否有所作为，主要就看你能否克服惰性。我们为了做成某件事，就必须与它抗争，挣脱这种劣根性的钳制。

我们都知道，懒惰是勤劳的对应词，有了懒惰才表现出来的勤劳。克服懒惰，正如克服任何一种坏毛病一样，是件很困难的事情。但是只要你决心与懒惰分手，在实际的生活中持之以恒，就能够克服懒惰带来的负面影响。一个人一旦养成勤奋的习惯，往往会拥有愉快的心情。因为人在专注的时候，意念与行为协调一致，所以恶劣的情绪不仅没有潜入的机会，更没有盘踞的空间。一个进入勤奋状态的人，心中就不会有长久驻足的懒惰。所以，克服懒惰最直接、最有效的方法就是使自己忙碌起来。

勤奋是保持高效率的前提，只有勤勤恳恳、扎扎实实地工作，才能把自己的才能和潜力全部发挥出来，在短时间内创造出更多的价值。一个缺乏事业至上、勤奋努力精神的人，只能观望他人在事业上不断取得成就，而自己却在懒惰中消耗生命，甚至因为工作效率低下失去谋生之本。

没有一个人的才华是与生俱来的。在成功的道路上，除了勤奋，是没有任何捷径可走的，在每个成功者的身上，他们都有着勤劳的习惯。

日本"保险行销之神"原一平，身材瘦小，相貌平平，这些足以影响他在客户心中的形象，所以他起初的推销业绩很不理想。原一平后来想：既然我比别人的确存在一些劣势，那只有靠勤奋来弥补它们。为了实现力争第一的梦想，原一平全力以赴地工作。早晨5点钟睁开眼后，立刻开始一天的活动：6点半钟往客户家中打电话，最后确定访问时间；7点钟吃早饭，与妻子商谈工作；8点钟到公司去上班；9点钟出去行销；下午6点钟下班回家；晚上8点钟开始读书、反省，安排新方案；11点钟准时就寝。这就是他最典型的一天生活，从早到晚一刻不闲地工作，把该做的事及时做完，从而摘取了日本保险史上"销售之王"的桂冠。

要想在这个竞争激烈的时代脱颖而出，你就必须付出比他人更多的汗水和努力，具有一颗积极进取、奋发向上的心，否则你只能由平凡变为平庸，最后成为一个毫无价值和没有出路的人。

从种植小麦的农夫那里，你也许会明白：如果种植一株小麦只能收成一粒麦子，那根本就是在浪费时间。但实际上从一株小麦上可收成许多粒麦子。尽管有些小麦不会发芽，但无论农夫面临什么样的困难，他的收成必定多出他所播种的好几倍。所以，在你的工作中到底能收获多少，就要看你是否有付出的心态了。如果你不是心甘情愿地付出，那你很可能得不到任何回报；如果你只是从为自己谋取利益的角度出发，则可能连你希望得到的利益也得不到。你只要记住一点，在职场中的每一点付出，都是在累积你的财富，而你的付出终将会帮你赢得你想要的一切。

世界上没有免费的午餐，也很少有天上掉馅饼的好事，所以，要想在与人生风浪的搏击中完善自己，成就自己，享受成功的喜悦，赢得社会的尊敬，高歌人生，你就必须战胜懒惰。要战胜懒惰，可以按照以下方法去执行：

1.承认自己有懒惰的习性，并不愿意克服它。这是处理一切问题的前提。只有正视它，才能解决问题。不承认自己懒惰，就不可能改正自身的弱点。

2.是不是因恐惧而不敢动手。如果你有这方面的弱点，克服的方法是强迫自己做，假想这件事非做不可，并没什么可恐惧的，并不像你想像得那么难，这样你终会惊讶事情竟然做好了。

3.是不是因为健康不佳而懒惰。其实，懒惰并不是健康的问题，而是一种生活态度的问题，有些人，尽管疾病缠身，还照样勤奋努力不已。如果，身体真的有病，这种时候常爱拖延，要留意你的身体状况，及时去治疗，更不应该拖延。

4.严格要求自己，磨炼你的意志力。意志薄弱的人常爱偷懒。磨炼意志力不妨从简单的事情做起，每天坚持做一种简单的事情，例如写日记，只要天天坚持，慢慢的就会养成勤劳的习惯。

5.做好计划。对自己的每天的生活工作，作出合理的安排，制定切实可行的计划，要求自己严格按计划行事，直到完成为止。

6.公开你的计划。在适当的场合，比如，在家庭里，或者在朋友面前，把你的计划向大家宣布，这样你就会自己约束自己，不敢偷懒拖延。为了你的面子，你不得不按时做完。

7.严防掉进借口的陷阱。很多人总是为自己的懒惰找理由，找借口。例如"时间还很充足""现在动手为时尚早""现在做已经太迟了""准备工作还没做好""这件事太早做完了，又会给我别的事"等等，不一而足。

8.留在现场。有些事情在开始做时，总会不顺利，这就成为拖延偷懒的借口，我们会说放一放再说，转身就走，这样就无法克服懒惰的习惯。所以，强迫自己留在事情的现场不许走。过一会儿，你可能就找到了解决问题的办法，你可能就不再拖延，你就会干下去。

9.避免做了一半就停下来。这样很容易使人对事情产生棘手感、厌烦感。应该做到告一段落再停下来，会给你带来一定的成就感，促使你对事情感兴趣。

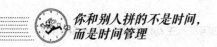
10.先动手再说。三思而后行，往往成了拖延的借口。有些事情应该当机立断，说干就干，只要干起来了，你就不会偷懒，即使遇到问题，你也可以边干边想，最终就会有结果。

总之，只有战胜懒惰，我们才能做时间的主人，从容不迫、丰富而多彩地度过一生。

让"日常备忘录"成为好帮手

高效工作者的"每日备忘录"是引导工作顺利进行的重要环节。作为员工，为了让"每日备忘录"成为一种有用的工具，最好养成习惯，每天早上去看看自己记了些什么事情。为了让"每日备忘录"十分有用，要把你所能想到的，以及以后你想要提及的事都记在上面。

"每日备忘录"只是一种帮助你记忆的手段，而几乎每个人都会用这种方法提醒自己记住许多事。比如说，在台历上记着你每次看病的时间，你就设定了一定的"备忘录"。台历本身就是个"备忘录"，若你加以利用的话，它会发挥更大的效力。台历的不便之处在于：它可能太小了，让你无法把所有的事都记下来。或者它没有多余的地方，让你写得更详细些。

"每日备忘录"是你想记却又不愿长久记在脑海里的信息、文件和资料的存储器。

举个例子，假如你决定在下个星期五上午去理发，不妨在"每日备忘录"的日期上做个记号。或者，假如你每个月得缴纳1500元的汽车分期付款，不妨用付款单或其他东西来提醒自己，早做准备，一月接一月地缴纳。

假定你6号要参加某个会议，而你想带些重要资料去。把文件放进"6"号的纸夹里，并在上面注明会议的地点、时间、与会人员等。也许你偶尔会忘了开会或一时找不到资料，可是只要你记得每天早上查对你的"每日备忘录"，你将会记得这些东西的。

把这些文件放进你的档案里，并在放置的地方和你想要使用的时间处做个记号。

你可以在往后的时间里翻阅这些文件，然后，在每个月的1号打开当月的卷宗，按照预定的时间将文件放进去。

只要你早上花些功夫打开当天的卷宗，就可以找到你所要的东西。你会因为没有把事情忘了而心安，你可以把回想的功夫省下来，用在其他的事情上；在适当时候，你便知道你的约会、计划和文书工作，你也因用不着分心于其他事，而变得相当有效率。我们确信"每日备忘录"这种方法，能让你花最少时间和精力去增进工作效率。

如果你想开始读亨利·米勒的作品，去看某部电影，或找位朋友到公园钓鱼，或者上一个烹饪班，你可以提前一两个月在"每日备忘录"里做个记号。在事情再度发生时，你会回想起以前的种种情况，想想自己以前是否做过，而现在是否还想再试试。不管怎样，你可以强烈地感觉到在这段时间里自己的变化，结果可能引导你走向新的目标与方向。

"每日备忘录"对你做决定也颇有助益，它能抑制你的冲动，让你明智地做出判断。比如说，你接到一封广告函说，只要花1200元就能买到一部录像机，而你也有些心动。那么不妨把表格填满，装进信封，然后把信夹在截止期限前一周的"备忘录"里。当时间到时再看看表格，感觉可能没有上次有吸引力。可是只要你这么做了，就算做了一半。经过一番考虑后，你可以把信

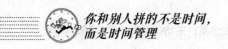
寄出去，心里确认自己的决定不会有错。

或者说，有人想听听你对某件事的看法和建议，此时你无需凭空臆测，只要通过你所看到的，表示出你的想法就行了。

隔天再把问题和答案记在"每日备忘录"——可能的话不要隔得太久。当你再看一次时，你便可以借机把原先的判断当成是别人的，而重新加以评估。这样做你将会惊异地发现，你做了多少愚蠢、仓促和肤浅的判断。

等到你对这种方法相当熟悉时，你将觉察到做"每日备忘录"是一个简单而有效的工作方法。

抓重点，分清什么是最应该做的工作

有这样一个小故事：

从前，有个农夫赶着牛车经过岔路口，老牛只顾朝前走。农夫连忙跳下车子，想要叫牛后退几步。本来，他只要一手牵住牛鼻子上的缰绳，一手晃动鞭子，牛就会乖乖地向后退。可他很生牛的气，只管用双手扳住车子向后拖。而牛却拼命地朝前走。于是，一个向后拖，一个向前走，就在路上顶起牛来。这个农夫这样蛮干，结果不免要闯祸。

俗话说："牵牛要牵牛鼻子。"农夫当然明白这个道理，但为什么造成南辕北辙的局面呢，究其原因就是做事不善于抓重点。所以，无论解决什么问题都要抓住关键，这样才能取得事半功倍的效果，再大的困难也能迎刃而解。俗话说：打蛇打七寸，处理工作问题更要抓准问题的关键点和突破扣。

工作中，能看到、找到事情的重点，这是执行的第一步。把问题解决了，有成效了，才对工作有所帮助。做任何工作都要以取得实效为出发点，解决问题也是如此。追求好的效果，好的效益，就要善于抓住重点。

有一个商人带着两个年轻的儿子和一头骆驼及许多贵重的货物，到很远的地方去做生意。时值春天，父子三人牵着骆驼上路了，他们看到农夫在田野工作，这位商人就对儿子说：

"世间的万事以及事业，那一件不是经过千辛万苦的经营，而后才得到血汗的成果。你看农夫若无春天辛劳的工作，那有秋天的收获"。年轻的儿子说："爸，我们出门经商，不也像农人的春耕，若不经遥远的旅途奔走，那有赚得最优厚的利润呢？"商人点点头表示同意儿子的看法。

他们经过了田野，穿过了森林，要开始爬山了。若翻过这座山就到了做生意的地方。可是不幸的是，在爬山的时候，载货物的骆驼忽然倒在山路上死了，这使他们感到无限的为难。父子三个人只是呆呆的坐在那里叹息！不知怎样善后才好？最后，父亲说："先将骆驼身上的货物卸下来再说。"

两个孩子立刻卸下了骆驼身上的货物，货物卸好时，父亲又说："骆驼已经死了，它的皮还有用处，就将它的皮剥下罢！"又忙了一阵将骆驼的皮剥下来。心想：既然货物不能运到市场去卖，只好回家再准备一头骆驼，再来运这些货物。于是吩咐儿子说："现在我回家，再牵一头骆驼来，你们好好看着这些货物，特别是这只骆驼皮，莫使它损坏。"

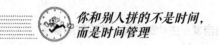
商人吩咐后，便一个人下山去了，第二天没想到竟下起大雨，两个年轻人见下大雨，便想起父亲吩咐，特别要照顾骆驼皮，就从货物中最高贵的白毛毡，盖覆在骆驼皮上，大雨下了好几天。白毛毡被雨损坏了，而骆驼皮也腐烂了，货物也统统损坏。最后一无所有。

事情为什么会这样呢？从根本上讲就是因为这两个青年没能抓住事情的重点，不分主次，本末倒置。到底是骆驼皮重要还是货物重要，连最基本的问题都没有分清没，所以谈何顾全大局呢？这样一来货物统统没有了，不是很可惜的事情吗？

由此可见，想问题、办事情应该牢牢抓住事情的重点，不能主次不分，因小失大。这就要求我们在处理问题时，要弄清事情的主次，从而采取正确的解决方法，收到良好的效果。

在工作中，我们通常会面临很多的事务，在等待解决的问题中，必须明确重点和次要点，这样才能合理地安排顺序，合理地分配时间和精力。否则的话，一盘散沙。

某电梯公司的销售经理王超是一个非常勤奋的人。他每天起早贪黑地找客户做推销，功夫不负有心人，他终于找到了一个大客户。签约前，客户打算到公司谈谈具体的事宜，顺便看看公司的实力。这是一个绝佳的好机会，只要他适时地抓住这个机会，这份订单就是他的了。

但是王超却是一位永远抓不住工作重点的人。他不去为了谈判的事情做准备，却为了布置公司的房间问题而煞费心思，他似乎觉得公司房间的布置比做生意更为重要。为了让客户对公司留下一个完美的印象，他花费了三天时间来布置。

最后，公司房间布置的工作完成了，但是那笔订单却被其他公司抢去了。就这样，一个快到手的"鸭子"飞了。

其实，布置公司的房间，做一些辅助的事情是为了更好完成工作，这一点无可非议，但是这绝对不是工作的重点。在一些紧急但是不重要的事情上投入了大量的时间和精力，结果在重要的事情上出了问题，真可谓"得不偿失"！

当然，这是一个极端的特例，大部分人都会做出正确的选择。但是，你仔细想想，你在工作中有没有犯过同样性质的错误？有没有曾经"丢了西瓜，捡了芝麻"？

工作中，如果你想收到好的效果，就要抓住重点。而不能眉毛胡子一把抓，把重点丢弃，或者只是专注于非重点。

很多人每天忙于日常事务中，但就是不出成绩，问题出于没有找到工作重点，抓不住工作重点，将时间花费在非关键任务上，必然将导致工作效率低下，并影响最终的工作绩效。工作目标和计划确定后，我们要将完成目标过程中的关键任务提炼出来，并有效的抓住每个阶段的工作重点，防止眉毛胡子一把抓，这样才能简约高效的工作。

在工作开始之前明确重点，虽然会花去一定的时间，但这对以后的工作很有影响，可以防止你碌碌而无为，帮你少走弯路，少做无用功。正所谓：磨刀不误砍柴工。针对千头万绪的工作，客观要求不能面面俱到、平均下力，必须善于抓重点。

保持办公桌整洁有序

在你日常的工作中是否会遇到这样的情况：办公桌的物品摆放的乱七八糟，没有空间再摆放其他东西，找东西很费时间……甚至工作心情也受到办公桌影响？

如果是这种情况的话，你目前迫切需要一张干净整齐的办公桌。办公桌井井有条，不但可以提高办公效率，工作起来也开心。

芝加哥和西北铁路公司的董事长罗西说："一个书桌上堆满了文件的人，如果把他的桌子清理一下，只留下手边急需处理的一些，他会发现自己的工作更容易，也会更实在。我把这种清理叫做料理家务，这是提高效率的第一步。"实践证明，优雅整洁的工作环境能大大激发工作的热情和潜能，工作环境不仅会影响到工作效率，还会影响工作中的创造性。

一位大学教授曾谈起了他拜访的两个人的办公室的情景。

有个人，做起事来，常为杂乱的东西所阻碍。他的办公桌简直就是一个垃圾堆。他经常很忙碌，从来没有时间来整理自己的东西，即便有时间，他也不知道怎样去整理、安放。结果，他的事务是一团糟，不管你在什么时候遇见他，他都表现得风风火火的样子。

另外有一个人，与上述那个人恰恰相反。他从来不显出忙碌的样子，做事非常镇静，总是很平静祥和。他每晚都要整理自己的办公桌，对于重要的信件立即就回复，并且把信件整理得井井有条。所以，别人从外表上总看不出他有一丝一毫慌乱。

由此可以看出，保持办公桌的整洁可以提高工作效率，还会向周围的人显示出你是一个办事利落干净的人。

整洁的书桌，不仅让人赏心悦目，而且可以提高学习工作效率。可现实中，有些人的办公桌上常常是一团糟。有的人很不注意收拾自己的办公桌，各种小摆设，吃剩的食物、早已不再使用的文具、书籍，堆得满满一桌子。有的人还喜欢在桌面上张贴人物照片、娱乐海报，或者一些自我激励的警句格言，不论是放得整整齐齐，还是横七竖八，自以为很有气氛，实际上它们不断刺激视觉，都会影响工作和学习。

放在桌面上的东西，工作的时候会不由自主地进入视线，而且有些物品还会引发无限的遐想，成为思想开小差的诱发因素。当一个人全神贯注工作之时，要保持注意力长期集中，本身就是件很不容易的事，一段时间后，即使没有干扰因素，也会产生疲劳而转移注意力。办公桌上摆放着许许多多与工作无关的东西，无异于加快注意力分散的进程，干扰了正常的工作。

周末，云燕去表姐家做客。表姐热情地款待了她，并将她请到自己的房间。刚一进房间，云燕顿时眼前一亮，天啊！表姐的书桌可真干净，一本本书摆放整齐，没有多余的杂物，各种学习用品都放在合适的位置。云燕暗暗地在心里想起了自己那乱七八糟的书桌，那些被她扔成一堆的书本、文具，还有满满的杂物，顿时羞红了脸，没再多说一句话。

回家后，云燕给妈妈介绍了表姐的书桌，并问道："表

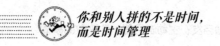
姐把书桌收拾的那么干净，对学习有帮助吗？"

妈妈说："当然了，书桌是你每天学习的地方，只有给自己准备一个整齐、干净的学习环境，你才能够更加专心的学习，提高学习效率啊！"

"那我也想有一个干净的书桌，妈妈，你教教我该怎么整理吧！"

于是，妈妈给她讲解了一些整理书桌的简单的方法。云燕照做后，发现书桌上果然整洁干净了许多。慢慢地，她养成了整理书桌和学习用品的习惯，她发现做起事来方便多了，而其写作业的效率也大大地提高了。

由此可见，只有把书桌收拾到位，才能够最大化管理好时间，才能够有章有法地去工作和学习。

1.学会分类。将自己抽屉里的所有物品全部摆放在办公桌上，从这些物品中把自己常用的东西挑出来，然后再分类整理下面的东西，把同一类的物品整理在一起，数一数共有几类物品，同一类别的物品要放在同一类里，例如办公桌上有若干只笔，如果都在使用时，即便是颜色或者形状不同时，也是算作一类；像手机、日程本这类只有一件的物品可以直接计算算作一类。

2.常用的物品放在办公桌上。当我们将所有物品分类后，就要将常用的物品放桌上，不常用的物品通通收起来，更不常用的就要考虑丢掉，这是办公桌面整理收纳的重点，也是让工作顺畅的主要关键。比如说，有些人习惯把各种笔往桌上的笔筒里塞，以为这样集中起来就可以了，但是这样要用笔时反而得翻来找去地很不方便。其实笔筒里只要放几支习惯用的、好写的笔就够了，比较少用的麦克笔、荧光笔等等就收在抽屉里，至于像不好写的笔或是快用完的铅笔就直接丢掉，这样笔筒就会看起来很清爽，真的要使用时也会很方便。

3.准备一个垃圾桶。办公桌附近一定要放个垃圾桶，因为像过期的文件、难写的原子笔，这种多余无用的东西是简洁办公桌的大敌，愈快处理掉愈好，但如果丢东西很不方便，耽搁一下就很容易忘记要做这件事。在办公桌附近放个垃圾桶，可以让人很轻松就可以把该丢的东西丢掉，不会累积无用之物。

4.依习惯摆放，使用后归位。经常找不到物品，其中一个原因是物品到处摆放，没有固定位置。如果固定摆放的位置，当我们需要找东西的时候，知道从哪里寻找，而且时间久后，还可以养成了条件反射。所以，电话、笔、纸张、待办文件，这些常会用的桌上物品，要依使用习惯固定放在自己熟悉的位置，并在使用后放回原位。举例来讲，如果便条纸是固定放在电话旁边，一旦有需要可以很轻松地找到纸来记录事情，而不会手忙脚乱浪费时间，这会让你工作起来感觉更利落。

5.整理电源及连线。如果办公桌上或桌下有很多电源线或连接线，不仅看起来不整齐清爽，有时候不小心卡住了也会妨碍工作进行。如果可以利用一些无线式的器材如无线鼠标、无线键盘等等，并利用电线收纳器来整理各种配线，即可以避免这方面的问题。

6.养成整理的习惯。办公桌是极容易变混乱的地方。工作日每天坐在办公桌前，物品被拿来拿去，之前摆放整齐，现在又混乱了。因此，最好要培养固定整理办公桌的习惯，比如每天下班前把桌面恢复原状，或是每月择订一个固定的日子（例如每个月的最后一天），把所有的抽屉、文件做一次完整的整理，如果有这样的习惯，要打造整洁的办公桌绝对没有问题。

总之，整理办公桌，使之井井有条，可以营造一个有序的工作环境，它对增强工作效果，提高工作效率有着举足轻重的作用。从现在开始，马上整理你的办公桌吧。

提前制定工作计划

在工作中，计划是至关重要的，所有工作都只有在确定了目标、制订了计划以后才能开展和执行，并围绕着计划的变化而变化。做任何工作都应有计划，以明确目的，避免盲目性，使工作循序渐进，有条不紊。但在实际工作中，计划工作普遍不受重视，致使各项工作缺乏明确的目标，短期行为严重，结果不确定程度较大。

有一次，总经理在中高层干部的例会上问大家："有谁了解就业部的工作"，现场顿时鸦雀无声，没有人回答。几秒钟后，才有位片区负责人举起手来，然后又有一位部门负责人迟疑的举了一下手；总经理接着又问大家："又有谁了解咨询部的工作"，这一次没有人回答；接连再问了几个部门，还是没有人回答。现场陷入了沉默，大家都在思考：为什么企业会出现那么多的问题。

这时，总经理说话了："为什么我们的工作会出现那么多问题，为什么我们会抱怨其他部门，为什么我们对领导有意见……，"停顿片刻，"因为……我们的工作是无形的，谁都不知道对方在做什么，平级之间不知道，上下级之间也不知道，领导也不知道，这样能把工作做好吗？能没有问题吗？显然不可能。问题是必然会发生的。所以我们需要把我们的工作'化无形为有形'，如何化，工作计划就是一种很好的工具！"。参加了这次例会的人，听了这番话没有不深深被触动的。

做好工作计划，是建立正常的工作秩序，提高执行力的重要手段。计划对工作既有指导作用，又有推动作用。如果预先没有周详的计划，没有想好自己将要走的每一步，即使有再多么宏伟的目标也只能是望洋兴叹。有限的时间和精力都被所走的弯路消耗掉了，当他们好不容易回到正轨上来时，却发现自己已经没有力气走下去了。美国企业家理查·史罗马在《无谬管理》一书中指出："对一件方案，宁可延误其计划之时间以确保日后执行之成功，切勿在毫无适切的轮廓之前即草率开始执行，而终于导致错失该方案之目标。"由此可见，做事必须有计划。没有计划、没有条理的人，无论从事哪一行都不可能取得成绩。因此，我们应该计划我们的工作，在这方面所花的时间是值得的，如果不计划，你始终不会成为一个工作简约有效的人。提高效率的中心问题是：你对工作计划的如何，而不是你工作的如何努力。

制定计划是我们日常工作中正确快速地完成目标不可或缺的部分。工作中有计划，在计划中有条不紊地工作，避免了想起一个事就干一件事，想不起来就不干了这样的不良习惯，所以除了一些临时性的工作外，一般日常工作都应该有计划地进行。

计划，有心里想的，有见诸于文字的。在执行过程中可能会有变化，但事先计划不计划，效果是不一样的。工作中往往临时性、被动性的工作多，要列出详细计划很难做到，但大体上有个安排是可以办到的。

在工作中，如果你准备制定计划，把自己的工作合理地安排好，请记住以下几点：

1.制定工作计划的内容

一般地讲，包括：（1）情况分析（制定计划的根据）。制定计划前，要分析研究工作现状，充分了解下一步工作是在什么基础上进行的，是依据什么来制定这个计划的。（2）工作任务和要求（做什么）。根据需要与可能，规定出一定时期内所应完成的任务和应达到的工作指标。（3）工作的方法、步骤和措施（怎样做）。在明确了工作任务以后，还需要根据主客观条件，确定工作的方法和步骤，采取必要的措施，以保证工作任务的完成。

2.制定工作计划的要求：

（1）目标数字化。只有形容词的空泛目标是没有意义，所以要把工作计划的目标与内容数字化，例如时间化、数量化、金额化。

（2）行动具体化。有了数字化的工作目标，还要附带有效的执行计划。

（3）学习计划。你应该同时制定年度的自我学习计划。公司对员工自我学习通常是抱持正面的看法，有些公司甚至规定学习计划是工作计划应具备的项目。

3.制定工作计划的注意事项：

（1）制定工作计划之前，认真分析本单位的具体情况，这是制订计划的根据和基础。

（2）根据领导的指示精神和本单位的现实情况，确定工作方针、工作任务、工作要求，再据此确定工作的具体办法和措施，确定工作的具体步骤。环环紧扣，付诸实现。

（3）根据工作中可能出现的偏差、缺点、障碍、困难，确定如何克服的办法和措施，以免发生问题时，工作陷于被动。

总之，毫无计划的工作是没有效率的，也是无谓的消耗，所以要对工作进行统筹安排，更加有效率的工作。

养成好的工作习惯

时间管理是一种心态，也是一种习惯，它是对事件的选择与规划，是一连串的"习惯"组合。做好时间管理的重要途径就在于养成好的习惯。

无数事实说明，习惯具有强大的力量，成功源于良好的习惯。纵观那些载入史册的成功人士，每个人身上都有一些可圈可点的好习惯影响着他们的人生轨迹。

英国哲人查尔斯·里德有一句著名的话："播下一种思想，收获一种行为；播下一种行为，收获一种习惯；播下一种习惯，收获一种性格；播下一种性格，收获一种命运。"好的习惯可以使你走向成功，而坏的习惯容易耽误一生。从这个意义上说，改变了我们的坏习惯，也就等于拒绝了失败的命运走向；而养成了一个好习惯就等于走上成功的坦途。越早了解这个道理，对你的人生越具有积极意义。

要想在职场中成为优秀者，光是埋头苦干是没用的，如何在工作过程中找到自己的最快捷和有效的办法是关键。职场中不少才能平平的人，却比那些才能超群的人会取得更大的成就，人们常常为此感到惊奇。但通过仔细地分析，便不难发现其中的奥秘：他们养成了有条不紊的做事习惯，能更好地利用有限的精力。相反，如果不讲究秩序和条理，盲目地做事，不但使人筋疲力尽，也容易使健康受损。所以，把事情安排得井井有条，做起事来，会更加容易、方便，能达到事半功倍的效果。

117

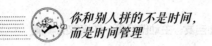
　　用以下几种方法，你可以认清每天必须完成的工作并找到完成任务的策略。

　　1．每天都以计划开始。每天都需要养成制定工作计划的习惯，没有计划的人往往都不能把一天的工作安排妥当，当然也无法出色的完成工作。所以，无论你有多忙都别忘了凡事都要做好计划。每天开始正式工作之前，先写下任务清单。写出清单后，你就会清楚地知道，哪些工作是今天必须完成的，哪些工作是今后几天内在完成的，哪些是长远的目标。这样你就会精确地找到需要优先处理的问题，从而避免被那些不重要的事情分散精力。这样，即使你决定在某个合适的时候停止工作，工作进度也在你的掌握之中，不会受到影响。正所谓，磨刀不误砍柴工。按照计划去做事，就能够达到事半功倍的效果。

　　2．分派任务。在写出了任务清单后，认真考虑一下，哪些任务是可以分派给团队中的别的成员的。每天早早就找出了这些任务，就会使团队成员能够尽早开展工作，从而加快完成任务的速度。和你一样，同事也希望对每天的事情早做安排，如果你是在一天的最后几个小时才把任务分派给同事，同事会不高兴的，因为你有可能打乱了他们的计划。

　　3．控制干扰。不要让料想不到的电子邮件、电话和会议打乱你的工作计划，从而使你不得不加班。为控制干扰，可以这样做：每隔几个小时而不是每隔10分钟查看一次电子邮件；将电话转为语音邮件，只回复那些确有急事的电话；要求将会议安排在你方便的时候召开。

　　4．果断解决麻烦。遇到麻烦，尽快当时当地解决，切勿犹豫不决。如果是在工作中要是老犹豫不决的话，会给企业带来很大的风险，在工作中遇见困难就要解决，这也是高效的工作。

　　5．不要在工作时间干私事。职场中，有一些人放任自己，常常在工作时间为私人事务分心。在工作时完全不考虑私人事务是不现实的，因此要对付账单、写感谢卡和其他影响工作效率的事情进行统筹安排。这些小事情会影响你的工作，如果你将很多时间用于与工作无关的事情，那么晚上要加班就是不可避免的。

6．注重每一个小细节。职场人需要养成注重细节的好习惯，因为很多事情出错都是因为一些小细节的问题。细节其实是一种思维与行动意识的高效组合，所以在工作中千万不能忽视细节。在工作中严格遵守工作时间、上班不迟到、不早退、汇报工作做到详细等等这些都是属于细节问题。只有做到注重每一个细节，我们才算是合格的职场人。

7．选择好沟通工具。在沟通时效上面，当面沟通＞电话沟通＞微信或其他即时工具沟通。且当面沟通和电话沟通，更容易通过对方表情及声音判断对方意图。

8．离线工作。联网工作很方便、但也存在许多干扰因素。如果你容易查着资料、看个新闻就走神了，那么还是建议选择离线工作来保证高效率。

9．保持简洁输出。写报告、写邮件的时候，谨记简洁之道，比起洋洋洒洒的美文，直击重点才是最为高效的表达方式。写邮件时，最好在 5 句话之内表达清楚自己的意思。

10．今日事，今日毕。许多人由于白天完成不了任务，养成了熬夜的习惯。熬夜会使你工作效率降低，直至危害你的健康。因此，要想方设法提高工作效率，做到"今日事，今日毕"。

总之，习惯看似只是个人的问题，但是在工作中习惯在一定程度上决定着工作进度、工作质量、工作成效。良好的工作习惯能极大地提高工作效率，而不好的工作习惯就常常拖后腿，成为工作中的绊脚石。所以我们一定要养成良好的工作习惯，并在实践中加以运用，发挥了自己的职业潜能，才得以优秀于他人。

学会拒绝，敢于对打扰说"不"

时间是有限的，人的精力也是有限的，所以我们在既定的时间里，完成自己力所能及的事，就是最有效的时间管理。如果你要想在生活和工作中不受他人的打扰，除了掌握各种时间的支配方法之外，还要善于说"不"，巧妙地拒绝一些不速之客，有效掌控你的时间。

我国文学一代宗师李叔同，为了更好地创作，他三袭衲衣、一肩梵典，埋名遁世山林。

在青岛讲课期间，李叔同杜门谢客，当时青岛的市长沈鸿烈先生慕名拜访，李叔同说："对不起，沈鸿烈先生，我有事，不能陪你了？"

沈鸿烈呵呵笑说："大师哪里的话，你这不是空闲着吗？改日我请你赴宴，你看如何？"

李叔同不假思索地说："不必了吧，先生！我得全神贯注于我文学的创作。不必要的就不必去了。"

"唉，大师哪里的话？你那么声名远扬，能有你赴宴，是在下的荣幸，你若不去，岂不是看不起在下？"

李叔同故意琢磨了一会，最后说："这样吧，要是当日我确实有空就去，如果有别的事情，请恕我无理了。"

沈鸿烈见他再也无回旋的余地，只好陪着笑说："那好吧！大师可不可食言，我相信你一定会来鄙舍赴宴的，因为，为等你那一天，我已忙了好几个月了。"

果然过了一段时期，沈鸿烈派人来请李叔同赴宴，李叔同当时正忙于散文的创作，访客的到来令他不快，只好婉言拒绝了。

没过多久，沈鸿烈又再次邀请李叔同赴宴。李叔同让人转告他说："对不起，沈鸿烈先生，我确实有自己的事情可做，我一直忙得很，我想又让你失望了。"然而，沈鸿烈认为李叔同一定会感动的，像诸葛亮最终出山一样，沈鸿烈第三次邀请李叔同赴宴。谁知，李叔同可恼火了，写出一帖交给来人，其中一句是：为僧只合居山谷，国士筵中甚不宜。

沈鸿烈看后，大为佩服李叔同的志气，觉得没有必要再叨扰他了，于是，不再邀请李叔同赴宴。

而李叔同有了安静的环境后，更抓紧时间读书，认真地创作。

看来，学会拒绝也是时间管理中的一项重要技能。人生苦短，事务纷繁。何以应对？唯有抉择。个人精力和时间有限，不能不多加珍惜；值得投入时间的人和事也并非生活中的每一件，不能不有所遴选。对于不值得的，连分秒都不要浪费在上面。所以，学会说"不"，让自己活得轻松点，更容易实现心中的向往。

但遗憾的是，生活中，很多人会为不知如何拒绝别人而感到烦恼，尤其是当自身处于一团糟的境地，别人偏偏向你发出请求，让你分不出时间和精力去应对又难以拒绝。你唯恐那个"不"字说出口，别人会怀疑你的能力，对你灰心；怕别人说你冷漠、自私，不高兴，以致破坏了你们好不容易维护起来的合作关系；害怕被讨厌、批评，因此而失去朋友，所以即使硬着头皮也要答应。

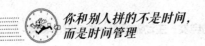
勉强答应别人一定是正确的吗？这样的结果是完满的吗？你肯定会感觉到，这样的事不仅让你感到疲惫，在这种状态下完成的事情也未必是令人满意的。既然明白这个道理，为什么还会一再"口是心非"地答应别人呢？所以是时候学会拒绝了。

肖强和经理的关系不错，所以一般有什么活动或者聚会，经理都会叫上他一起参加。但时间一长，肖强就觉得自己的下班时间都被各式各样的应酬填满了，也很少有时间回家享受妻子做的饭菜。肖强觉得长久下去也不是个办法，他想应该如何巧妙地拒绝经理的邀约，才不会让经理感到不满。

这天下班，经理走到肖强的办公桌前，笑着说："肖强，今晚和王总约好了，下班一起去吃个饭，你也一起去吧，别忘了啊。"

肖强一听，又要陪经理去吃饭，可是已经和老婆说好要回去吃饭了。肖强只好装出很无奈的表情，对经理说："经理，你也知道，我们家那位是个强悍的母老虎，今天是她的生日，我要是不回去陪她吃饭。估计我以后都没法进家门了。您看，今晚的饭局能不能让其他同事陪您一块儿去?"

经理第一次听到肖强拒绝他的话，当即一愣，不过很快调整过来："哈哈，没想到你还是一个如此顾家的好男人呀。今晚的饭局你就不要去了，好好回去给你老婆过生日吧。以前是我疏忽了这一点，以后的饭局你适当参加就可以了，不用每次都去了。"

肖强笑着应道："谢谢经理的理解和批准。"

肖强终于用巧妙的方式，对经理成功说出了"不"。

看来，适当而巧妙地拒绝对方，胜过被动地接受，这可以有效地避免因此带来的不良后果。

拒绝是一门人生的学问，也是一门人生的艺术。所以，学好"拒绝"这门课程，在生活中非常重要。只要我们掌握了一些基本的原则和技巧，拒绝他人也并不是一件十分难的事。

下面介绍几种拒绝的方式：

1.主动透露实情

有些时候，在拒绝对方的某些要求或请求时，我们需要开诚布公，主动透露实情。如果你不敢明确说出事实，表明态度，而是采取模棱两可的说法，就可能对方摸不清你的真正意思，会产生许多不必要的误会，这就容易导致彼此关系的破裂。相反，如果你表明立场，主动说出实情，对方就会明白你的用意。特别是当你的上级领导要求你去做某些事，而你又不想做的时候，你可以如实相告，这样一来，他也会理解你的难处，进而取消对你的要求。

2.自嘲拒绝

面对对方的一些请求，你不想接受时，可以用自我贬低的方法或者在玩笑的氛围中拒绝他，不仅维护了对方的面子，也使自己全身而退。比如领导周末想邀你一起去打高尔夫球，你就可以说："领导，咱俩相处这么久了，说出来不怕您笑话，高尔夫球我学了快一年了，还一直打得不像样，您看了都会觉得扫兴，为了不影响您的兴致，我还是不去为好。"比如，在公司聚会的时候，你确实不会喝酒，你可以说："我是爸妈的乖女儿，家里面要求又比较严，要是喝了酒，那回去后肯定会被我妈骂死，领导您就饶了我吧。"

3.分析利弊拒绝

在他人对你有所请求时，如果确有困难，但为了不伤害对方，我们可以站在对方的位置思考问题，帮助其分析利弊得失，然后以维护对方利益为出发点，提醒对方如果愿望实现会对其带

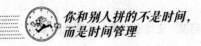
来什么样的危害。对方在领悟之后，便能心平气和地接受你的意见，撤回自己的请求。

　　总之，当别人占用你的宝贵时间时，要学会拒绝，把时间用在更重要的事情上。

第五章 绝不拖延：
用最短的时间采取大量的行动

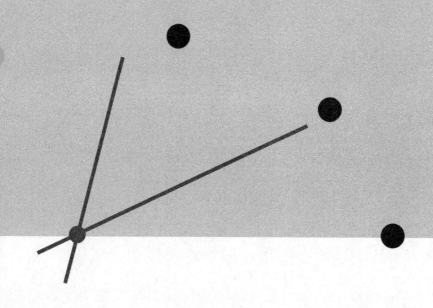

遇事不拖延，立即去做

时间管理的最大敌人是拖延。事实上，每个人在生活和工作中都或多或少地存在着拖延的不良习惯。比如在生活中，清晨闹钟将自己从睡梦中惊醒，你想着自己所定的计划，同时却感受着被窝里的温暖，一边不断地对自己说："该起床了"，一边又不断地给自己寻找借口——"再等一会儿"。于是在忐忑不安之中，又躺了5分钟，甚至10分钟。工作中，今天该做的事拖到明天完成，现在该打的电话等到一两个小时后才打，这个月该完成的报表拖到下一月，这个季度该达到的进度要等到下一个季度。把今天该完成的事情拖延到明天，是一种很坏的习惯。

拖延在人们日常生活中司空见惯，它不仅是浪费时间的元凶，更是我们获得财富的无形杀手，也是我们的成功之路上最严重的坏习惯之一。对一位渴望成功的人来说，拖延最具破坏性，也是最危险的恶习，它使人们丧失进取心。一旦开始遇事推脱，就很容易再次拖延，直到变成一种根深蒂固的习惯性的拖延。

每个人的生命都是有限的，当拖延成为一种习惯时，死神就会在不知不觉中来临了、你可以给自己时间，但生命不会给你时间。拖延往往会生出许多悲惨的结局。

美国独立战争时期，英国的拉尔上校正在玩纸牌，忽然有人递来一份报告，说华盛顿的军队已到了德拉瓦尔。但他只是将来件匆匆塞入衣袋中，等到牌局结束才展开那份报告

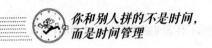
阅读。然而等他调集部下出发应战时，已经太迟了，最终全军覆没，拉尔自己也因此战死。仅仅是几分钟的延迟，就使他丧失了尊荣，自由与生命！

既然知道拖延有这么可怕，为什么还有近90%的人存在不同程度的拖延呢？导致拖延的原因究竟是什么？我们到底该如何远离导致拖延的这些因素？

心理学家研究后认为："从心理层面分析，人对工作能力的不自信是导致拖延行为的一个重要原因。"一些在工作上曾遭遇过重大失败、不够自信的人，通常容易产生逃避心理，认为自己能力不够，不能很好地完成任务，于是越拖越久。而且，他们还常常以疲劳、状态不好、时间充足等借口来拖延工作进度。心理学家通过研究认为，这部分人其实内心很在乎别人怎样看待自己，完不成任务时，他们更希望别人觉得是因为时间不够、不够努力造成的，而不是因为能力不足。

此外，一些内心不够积极上进的人也容易养成懒散、拖延的习惯。他们常常觉得什么事都很难做，因此喜欢找各种理由推脱，比如，别人不做，为什么我要做？即使心不甘、情不愿地做了，也不愿意立刻开始，而是拖拖拉拉，今天拖到明天，明天拖到后天。这样的人，也是因为意志力差而加入了拖延症大军，最终导致一事无成。

还有一些人，对自己的能力过分自信，他们坚信自己到期限时一定能完成任务，因此在做事时也通常不慌不忙、慢条斯理，结果到最后才发现，事情远不是自己想象的那样简单，于是才手忙脚乱地进行，最终发现自己实在是自作聪明。

拖延者通常也是制造借口与托辞的专家。如果一个人存心拖延逃避，就能找出成千上万个理由来辩解为什么事情无法完成。如工作太无聊、太辛苦，工作环境不好，老板脑筋有问题，完成期限太紧等等。拖延者总是努力找出种种借口来蒙混公司，欺骗上司，这样的人是不负责任的人，也是不努力工作的人。拖延可能使一个人暂时从繁忙的工作中解脱出来，但拖延工作的后果对拖延者自身的伤害更大。拖延不仅使人的工作效率低下，而且还是一种相当累人的折磨。因为不论他们用多少借口去拖延工作，该做的事还是得做，随着工作完成期限的迫近，工作的压力则与日俱增，让拖延者觉得更加疲倦不堪。

拖延时间，看似人的一种本性，实质上是在工作和生活中养成的一种极其有害于工作和生活的恶习。因此，要想更快、更好地进行工作，首先要做的事就是去改变自己拖延的习惯。

理查德是连锁加油站的老板。有一次，他和助手到公司各部门巡视工作。到达莫比尔市一个区的加油站时，已经是下午三点了，理查德却看见油价告示牌上公布的还是昨天的数字，并没有按照总部指令将油价下调5美分／加仑进行公布，他十分恼火。

理查德立即让助手找来了加油站的主管福克斯。

远远地望见这位主管，他就指着报价牌大声说道："你大概还熟睡在昨天的梦里吧！要知道，你的拖延已经给我们公司的荣誉造成很大损失，因为我们收取的单价比我们公布的单价高出了5美分，我们的客户完全可以在莫比尔市的很多场合，贬损我们的管理水平，并使我们的公司被传为笑柄。"

此时，这位主管意识到问题的严重性，他连忙说道："是的，我立刻去办。"

看见告示牌上的油价得到更正以后，理查德面带微笑说："如果我告诉你，你腰间的皮带断了，而你却不立刻去更换它或者修理它，那么，当众出丑的只有你自己。这是世

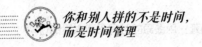
界第一零售商沃尔玛商店的信条，你应该要记住。"

然后，理查德和助手一起离开了加油站。从此之后，那位主管先生做事再也不会拖拖拉拉了。

一个人能否在自己的事业生涯中取得成功，秘诀就在于从现在开始，不要把事务拖延到一起去集中处理，要行动起来，立刻去做手中的每一件事。同样，如果一个人想要获得成功，就要下定决心改变拖延的恶习，不管做什么事都要集中全部精力去完成，全力以赴地去做，即使是写一封邮件也要如此。

下面介绍几种克服拖延的技巧，希望能够对大家有所帮助。

1.分类找原因。是什么原因使我们无法做某项工作？优柔寡断？害羞？无聊？无知？散漫？恐惧？疲倦？无法忍受不愉快？缺乏必备的工具？一字一句具体指出拖延某事的原因，区分类别。如果正确地认清问题，则解决方法就会变得相当明确。如信息不足，则可以开始寻找必需的资料。

2.树立目标。学会将工作目标融入自己的人生设计轨道中，比如，如果希望自己今年在哪些方面有所突破，那就遵循这一目标，一步一个脚印地前进。同时，还要时刻监督自己对目标的完成情况，将一些自己无法把控的大目标主动分解成一个个可以把控的小目标，并从个人思想方面做相应的调整，从而获取完成目标的动力。

3.设定专注时间。当我们在工作中出现拖延迹象时，不妨给自己设定一个专注时间，并开始倒计时。这样，我们的心理上就会产生紧迫感，从而促使我们更加集中注意力完成任务。例如，设定20分钟为一个工作的专注时间段。在这20分钟内，必须专注于眼前的工作，不受任何干扰，直到20分钟的闹铃响起。当我们在工作时间段内被干扰或无法继续下去时，可以看一下工作时间段的剩余时间，然后暗示自己再坚持几分钟就结束了，从而锻炼自控能力，不让自己拖延。

4.用好习惯采取代拖沓的坏习惯。许多人的拖沓已经成了习惯。对于这些人，要完成一项任务的一切理由都不足以使他们放弃这个消极的工作模式。如果你有这个毛病，你就要重新训练自己，用好习惯采取代拖沓的坏习惯。每当你发现自己又有拖沓的倾向时，静下心来想一想确定你的行动方向，然后再给自己提一个问题："我最快能在什么时候完成这个任务？"定出一个最后期限，然后努力遵守。渐渐地，你的工作模式会发生变化。

永远比人快一步

围棋上有句口诀是"宁丢数子，不失一先"，因为有了先手，就有了主动权，就能处处先发制人。如果将这个道理用在做事的行动上，就是宁愿付出一定的代价，也要抢在别人前面，因为抢先一步就能领先一路，你就比别人获得更多的成功机会。

在当今讲究机会和效率的社会里，不管做什么事，快人一步总是好的。天上不会掉馅饼，只有快人一步，才能取得与别人不一样的效果。对每个人来说，机会意义都是非凡的，但是能不能把握住机会是最重要的，快人一步才能实现机会的意义，否则，机会就会被别人把握，而你只有看别人成功了。所以，做什么事都要快人一步，这样才会抢占到先机。

一位侨居海外的华裔大富翁，小时候家里很穷，在一次放学回家的路上，他忍不住问妈妈："别的小朋友都有汽车

接送，为什么我们总是走回家？"妈妈无可奈何地说："我
们家穷！""为什么我们家穷呢？"妈妈告诉他："孩子，
你爷爷的父亲，本是个穷书生，十几年的寒窗苦读，终于考
取了状元，官达二品，富甲一方。哪知你爷爷游手好闲，贪
图享乐，不思进取，坐吃山空，一生中不曾努力干过什么，
因此家道败落。你父亲生长在时局动荡战乱的年代，总是感
叹生不逢时，想从军又怕打仗，想经商时又错失良机，就这
样一事无成，抱憾而终。临终前他留下一句话：大鱼吃小
鱼，快鱼吃慢鱼。"

"孩子，家族的振兴就靠你了，干事情想到了看准了就
得行动起来，抢在别人前面，努力地干了才会有成功。"他
牢记了妈妈的话，以十亩祖田和三间老房子为本钱，成为今
天《财富》华人富翁排名榜前五名。他在自传的扉页上写下
这样一句话："想到了，就是发现了商机，行动起来，就要
不懈努力，成为仅在于领先别人一步。"

人生旅途有许多转折，谁能掌握先机，谁就是赢家。当机遇
来临的时候，如果快人一步，那么，你就比别人更容易成功。

速度是成功的助推器。有位相当成功的公司董事长，别人
问他为什么总是取得成功时，他说："我总是抢先一步，所以我
便比别人快半拍了，当别人意识到这一点时，我已经拥有财富
了。"成功者总是具备一种特质——他们总能掌握先机。成功者
不等幸运来敲门，他们能抓准时机，他们比周遭人更能掌握机
会，他们总能成功。

1973年，英国利物浦一位叫科来特的小伙子考上了哈佛
大学，进入大学不久，结识了一位美国小伙子，两个人成为
了好朋友。大学二年级时，这位美国朋友对他说：科来特，

我们退学吧，现在财务软件很走俏，我们一起去开发32BIT财务软件，我们现在学的进位制已经够我们用了。科来特也看到了财务软件的前景，可是，他无法接受退学这一建议，因为他是来求学的，何况老师关于BIT系统的课程还没有讲完。于是，他的朋友一个人退学了。一晃十年过去了，科来特成为了哈佛大学的BIT博士研究生，而那位大二退学的朋友，则在这一年里进入了美国亿万富翁的行列。科来特继续学习，1992年拿到博士后学位，而他的朋友，在这一年里成为了美国第二大富翁。1995年，科来特认为自己学有所成，可以研究开发32BIT财务软件了，但是，他的朋友却已经开始研究比32BIT快1500倍的EIP财务软件了，并且很快推向市场，让32BIT财务软件失去了生存空间，而且，就是这一年，他的这位朋友成为了世界首富——他就是比尔·盖茨。

当今社会竞争激烈，如果你不快人一步，就只有永远落后别人。

很多人做事习惯等到所有的条件都具备了再行动，这是十分被动的。你要知道，良好的条件是等不来的，唯有依靠行动才能创造有利条件。只要做起来，哪怕很小的事，哪怕只有短短几分钟，也是一个好的开端，就会带动我们容易地做好更多的事情。

面对重大机遇，行动要快，出手要准，抓住了先机，我们就能成为发展的领跑者。正所谓"领先一步，海阔天空；落后一步，寸步难行"。仔细留意一下那些成功的人，我们就会发现，他们大多都能谋善断、雷厉风行，想好了就果断出击，绝不拖泥带水。从不落人之后。做事一定要想到别人前面，做到别人前面。只有这样，你才能获得成功。

哥伦布是15世纪的著名航海家，他历经千辛万苦终于发现了新大陆。对于他的这个重大发现，人们给予了很高的评价和很多荣誉。但也有人对此不以为然，认为这没什么了不起，话中经常流露出讽刺。

一次，朋友在哥伦布家中作客，谈笑中又提起了哥伦布航海的事情，哥伦布听了，只是淡淡一笑，并不与大家争辩。

他起身来到厨房，拿出一个鸡蛋对大家说："谁能把这个鸡蛋竖起来？"大家一哄而上，这个试试，那个试试，结果都失败了。"看我的。"哥伦布轻轻地把鸡蛋一头敲破，鸡蛋就竖起来了。"你把鸡蛋敲破了，当然能够竖起来呀！"人们不服气地说。

"现在你们看到我把鸡蛋敲破了，才知道没有什么了不起，"哥伦布意味深长地说："世界上很多事情做起来都非常容易，可是最大差别就是：我已经做了，你们却一直没有做。"过去讽刺哥伦布的人，脸一下子变得通红。

天下最可悲的一句话就是：我当时真应该那么做，但我却没有那么做。经常会听到有人说："如果我当年就开始做那笔生意，早就发财了！"一个好创意胎死腹中，真的会叫人叹息不已，永远不能忘怀。如果真的彻底施行，当然就有可能带来无限的满足。

不要等到万事俱备以后才去做，永远没有绝对完美的事。如果要等所有条件都俱备以后才去做，只能永远等待下去。

成功在于你的行动。机遇对每个人都是公平的，最终分出高下无非就是不同的人对机遇的把握不同而已。如果你能抢抓机遇，先人一步，那么，你的事业就已经成功了一半！

再好的想法也要付诸于行动

有这样一个小故事：

某地的一群老鼠，总是被一只凶狠无比的猫追赶的四处逃窜，它们都很郁闷，希望能改变这种现状。这一天，老鼠们群聚一堂，讨论如何解决这个问题。有只老鼠提议：在猫儿身上挂个铃铛。这样，当这只猫进攻时，铃声就可以报警，大伙儿就可以逃到地下躲藏起来。大家的都十分赞同这个计划，因为都觉得再没有比这个主张更好的建议了。但很快就产生了一个新的问题，那就是如何把铃铛系上去？这个棘手的问题让老鼠们一筹莫展！老鼠们谁也不敢去给猫挂铃铛。就这样，一个很好的计划，因为没有一只老鼠愿意付诸行动而无法实现。

可见，没有行动，一切计划都是毫无意义和价值。"说一尺不如行一寸。"任何目标、任何计划最终必须落实到行动上，才能缩短自己与目标之间的距离，逐步把计划变为现实。

当计划停留在想法上时，计划仅仅就是计划而已，没有任何生命力，唯有把计划转化为具体的行动，才会赋予计划以生命力，实现我们美好的愿望和理想。

一家广告公司招聘设计主管，薪水丰厚，求职者甚众。

几经考核，十位优秀者脱颖而出，汇聚到了总经理办公室，进行最后一轮的角逐。这时，老总指着办公室里两个并排放置的高大铁柜，为应聘者出了考题：请回去设计一个最佳方案，不搬动外边的铁柜，不借助外援，一个普通的员工如何把里面那个铁柜搬出办公室。

这些应聘者望着据说每个起码能有500多斤的铁柜，先是面面相觑，思考着为什么出此怪题，再看老总那一脸的认真，他们开始仔细地打量那个纹丝不动的铁柜。毫无疑问，这是一道非常棘手的难题。

三天后，九位应聘者交上了自己绞尽脑汁的设计方案：杠杆，滑轮，分割……但老总对这些似乎很可行的设计方案根本不在意，只随手翻翻，便放到了一边。这时，最后一位应聘者两手空空地进来了，她是一个看似很弱小的女孩，只见她径直走到里面那个铁柜跟前，轻轻一拽柜门上的拉手，那个铁柜竟被拉了出来——原来那个柜子是超轻化工材料做的，只是外面喷涂了一层与其他铁柜一模一样的铁漆，其重量不过几十斤，她很轻松地就将其搬出了办公室。

这时，老总微笑着对众人说："大家看到了，这位未来的员工设计的方案才是最佳的——她懂得再好的设计，最后都要落实到行动上。"

心动不如行动。再美好的梦想与愿望，如果不能尽快在行动中落实，最终只能是纸上谈兵，空想一番。人们常说，心想事成。这句话本身没有错，但是很多人只把想法停留在空想的世界中，而不落实到具体的行动中，因此常常是竹篮子大水一场空。所以，有了梦想，就应该迅速有力地实施和执行。坐在原地等待机遇，无异于盼天上掉馅饼。

美国联合保险公司的创办人和总裁克莱门特·斯通从他坎坷

的创业史中由衷地感慨："我相信，'行动第一！'这是我最大的资产，这种习惯使我的事业不断成长。"毫无疑问，那些成大事者都是勤于行动和巧妙行动的大师。在人生的道路上，我们需要的是：用实际行动来证明自己和兑现曾经心动过的金点子！

　　曾经有一名非常成功的人士，别人问他："请问你为什么会成功？"

　　他说："立即行动！"

　　别人问他："请问你遇到挫折时，怎样处理？"

　　他说："立即行动！"

　　有人说："难道你困难的时候不会有低潮吗？"

　　他还是回答："立即行动！"

　　别人还问他："你能不能告诉我不一样的成功秘诀是什么？"

　　他还是说："立即行动！"

　　没错，就是"立即行动"四个字帮助许多成功者走向成功。

　　成功者必是立即行动者。对于他们来讲，时间就是生命，时间就是效率，时间就是金钱，拖延一分钟，就浪费一分钟。只有立即行动才能挤出比别人更多的时间，比别人提前抓住机遇。

　　著名美国时间效率专家兰肯曾经这样评价："面对任何任务，没有不可能完成的，没有特别可怕的，你需要的仅仅是开始做起来，这才是你最应该关注的。因为它将使你获得先机与继续行动的动力，而这样的'仅仅做起来'也最终将带领你走向成功。"而另一位现代商业社会中的成功人士，英国迪阿吉奥饮料集团公司的创始人尤拉·霍尔这样对他的传记作者说："在我开始创业的时候，我从来没有想过有什么事情让我害怕去做，我首先想的是如何赶快开始，赶快将自己的想法变为实际的行动，这

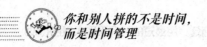
样我最终将获得我想要的一切。"

成功不是去等待，工作也不是一个计划，一切都需要我们不断的行动。只有行动才能让我们获得新生，只有行动才能让我们拥有机会，只有行动才能让我们抵达成功的终点。

说一尺不如行一寸。有想法是好的，但再好的想法也要付出行动。因为行动才会产生结果，行动是成功的保证。俄罗斯作家克雷洛夫曾说过："现实是此岸，理想是彼岸，中间隔着湍急的河流，行动则是架在河上的桥梁。"任何伟大的目标、伟大的计划，最终必然落实到行动上才能实现，行动是完成计划奔向目标获得成功的保证。

时机永远不会刚刚好

常有人发如此的感慨：如果给我一个机会，我也能……

他们把自己的命运系在一个等来的机会上，他们当然总也不会成功，以至于至今都只知道抱怨自己的命运。

没有人会主动给你送来机会，机会也不会主动来到你的身边，只有你自己去主动争取。成大事者的习惯之一是：有机会，抓机会；没有机会，创造机会。拿破仑·希尔说："任何人唯一能依靠的'运气'，是他自己创造的'机遇'——这需要坚忍不拔的精神，而固定不变的目标是其起步点。"

英国著名电视女星约翰娜，曾在很长的时间内只能在电视中扮演配角，尽管她已经具备了较高的艺术修养和造诣。

为了给自己创造机会，她在每拍完一部片子后，就找主角一起拍照，并将照片印成剧照，注明片名、演播时间和自己所担任的角色。每当听说某电影公司将摄制新片时，就把自己的剧照寄给制片人，进行自我推荐。以至于制片人得知约翰娜为那么多名演员配过戏，并担任过那么多的角色，就认定她是个很有天赋的演员。就这样，她终于担任了主角，逐步成为了明星。

这个故事告诉我们：守株待兔，是等不来机遇的，只有主动出击，才能给自己创造机遇。

其实，人生的成败全在于自己。时时处处需要自己来创造赢得主动的机会，即使是处于劣势，也要想办法转化它。

很多的人经常抱怨自己没有成功的机会，或者将他人的成功归结为"运气好"，"有背景"，实际上，机会对每一个人都是公平的，成功和机遇只垂青积极主动的人。

主动是一种态度，更是一种可贵的风范，它反映在人的思维、行动以及整体的气质面貌上。它体现了旺盛的生命激情，有效地激励自己，更大限度地促进自我的潜能开发。有的人天生积极主动，这是一种幸运，这种人就更应该珍惜这种天赋，更大限度地去努力发挥自己的潜能，争取实现更大的成功和价值。有些人天生被动，那么就要赶快行动，培养自己的主动性。

纵观古今中外人类发展的历史，没有哪一个人的成功不是主动争取得来的；没有哪一个人的屈辱不是在被动的忍让中，在安于现状的无所作为下来临的。成功不是等来的，也不会从天而降，是我们主动争取来的，它总是藏在一个个挫折和失败的后面，守候一个不屈不挠的灵魂。

人们常说：天赐良机。又说：谋事在人，成事在天。机遇，它是上天给予少数幸运儿的礼物。但在现实的生活当中，机遇是

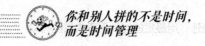

靠争取得来的成功的钥匙。得到机遇，不靠天赐，而在人为。

莎士比亚说："聪明人会抓住每一次机会，更聪明的人会不断创造新机会。"当机遇尚未出现时，除了时刻准备之外，我们也应该主动为自己创造机遇，不能总是守株待兔，等着机遇上门。培根说过："智者创造机会"。机会是等不来的，他必须靠我们平时的勤奋经营和努力创造才能获得；机会也是平等的，关键看你是否懂得如何去寻求机会，并且将它变成人生成功的垫脚石。

1896年6月2日，世界上第一台电报机诞生了。电报的诞生，给世界信息业带来了一场日新月异的革命，到1921年6月2日，当电报诞生短短25周年的时候，《纽约时报》对这一历史性的发明发表了一个总结性的消息，告诉世人：因为电报的诞生，人们每年接受的信息量是25年前的50倍。

看到这一消息后，当时有至少50个机敏的美国人对此产生了浓厚的兴趣，他们立刻想到创办一份综合性的文摘杂志，遍选精华，使人们能在千头万绪、林林总总的信息中，更加容易和直接地看到自己迫切需要知道的信息。这50个人，差不多都是美国的商界精英和政界头面人物，他们之中有百万富翁、有出版商、有记者、律师、作家，甚至还有一位忙碌的国会议员。他们都同时从电报诞生25周年这个消息上得到启迪，不约而同地相信，如果创办一份文摘性刊物，一定会拥有很多的读者，创办者百分之百可以从中赚到一笔巨额的可观利润。在不到一个月的时间里，他们都到银行存了500美元的法定资本金，并顺利办理了创办刊物的执照。当他们拿着执照到邮政部门申请办理有关发行手续时，邮政部门却一概拒绝了。邮政部门说："从来还没有代理过这类刊物的征订和发行业务，如果同意代理，现在也不到时机，最快也要等到明年中期的总统大选以后。"

许多人得到这种答复后，就决定按照邮政部门说的那样，只好等到明年中后期了。甚至有几个精明人为了免交执业税，马上向管理部门递交了暂缓执业的申请。但只有一个年轻人没有停下来去等待，他立即回到家里，买来纸张、剪刀和浆糊，和他的家人马上糊了2000个信封，装上了一张张的征订单，然后把信送到邮局全部寄了出去。

很快，一本全新的文摘性杂志《读者文摘》就送到了许多读者的手里，并且发行量直线上升，雪片似的订单从四面八方纷纷飞向了杂志社。第二年中期，当邮政部门终于答应代理发行征订手续时，《读者文摘》通过直接邮购早就在市场上稳稳站住了脚跟了。那些当初也曾梦想过办这样一份文摘性杂志的人现在手捧着《读者文摘》，个个追悔莫及，如果自己不是坐等时机，他们也足以办起这样一本风靡全美的畅销杂志的，但恰恰是因为等待，他们丢失了这一个千载难逢的珍贵机遇。

而没有等待的年轻人叫德威特·华莱士，他抓住机遇，出手就创造了世界出版史上的一个奇迹，他创办的这份《读者文摘》出手不凡而且经久不衰，到2002年6月，《读者文摘》已拥有了19种文字.48个版本，发行范围遍布全球五大洲127个国家和地区，订户一亿多人，年收入达五亿美元之多。

从这里可以看出，机会不是等来的，在很多时候还得靠自己去发现，去挖掘，甚至还得靠自己去创造，并且创造机会比等待机会更为重要。因为现成的机会毕竟不多，等待机会显得过于被动，而创造机会却能充分发挥自己的主观能动性，把握甚至改变事情的发展趋势。

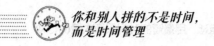

天助自助者，说的就是主动！心动不如行动。希望什么，就主动去争取，去促成它的发生。我们无法指望别人来实现我们的愿望，也不能指望一切都已经成熟，然后轻松去摘取果实。永远不会有这样的事情发生，要彻底打消这样的念头，然后立即行动起来。

如果你对自己的出身不满意，就主动去提高自己的能力；如果你对自己的长相不满意，你就主动去学习修饰和搭配的艺术。当你感觉到自己的生活渐渐失控，或者是正朝着不如意的方向发展的时候，你需要做的就是主动去扭转局面，去提高自己的情商，这样才可能让自己的情况好起来。

主动，这是一个非常简单而又令人明白的道理，就好像天上不会掉下馅饼一样。如果你懒于行动，即便是机遇，也会从你身边悄悄溜掉。唯有把握主动，想自己所想，做自己想做，付出相应的劳动和智慧，才能赢得自己应得的一切。

克服拖延，切忌犹犹豫豫

有一则寓言：

场院上，一头毛驴要吃草。此时，在毛驴的左边和右边各放着一堆青草。岂料，毛驴在这两堆青草之间犯了难：先吃这一堆，还是先吃那一堆？就这个问题，毛驴一直思来想去，犹豫不决，最终饿死了。

这就是布·丹封的毛驴，看完这则寓言后，你或许会笑话毛驴的愚蠢与犹豫不决。然而，在我们的现实生活中，我们也常常上演着布·丹封毛驴的故事。比如，今天我是先要拜访客户呢？还是先把销售报表做好呢？当你觉得天气不好，不宜外出，而下定决心去做销售报表时，却又想到交销售报表的时间是在月底，还有十几天的时间，而客户已经打过好几次电话了，还是先去拜访客户吧。但是出了门，又突生倦意：明后天再去也不迟吧？于是，返回办公室想做销售报表……几经周折，一件事情都没有做成，却已经临近午饭时间。事实表明，犹豫不决是最浪费时间和精力的，它使你心力交瘁，疲于奔命。不仅于事无补，反而白白浪费了宝贵时间。

华裔电脑名人王安博士声称影响他一生的最大教训，发生在他6岁之时。

有一天，王安外出玩耍。当他路经一棵大树的时候，突然有什么东西掉在他的头上。他伸手一抓，原来是个鸟巢。他怕鸟粪弄脏了衣服，于是赶紧用手拨开。

鸟巢掉在了地上，从里面滚出了一只嗷嗷待哺的小麻雀。他很喜欢它，决定把它带回去喂养，于是连鸟巢一起带回了家。

王安走到家门口时，忽然想起妈妈不允许他在家里养小动物，所以，他轻轻地把小麻雀放在门后，看了看，才走进室内。他打算请求妈妈，允许他养那只小麻雀。

在他的苦苦哀求下，妈妈破例答应了儿子的请求。

王安兴奋地跑到门后，不料，小麻雀已经不见了。一只黑猫正在那里意犹未尽地擦拭着嘴巴。王安为此伤心了好久。

这件事给了王安终身有益的教训，他由此得出一个结

论：只要是自己认为对的事情，绝不可优柔寡断，必须马上
付诸行动。

顾虑太多，犹豫不决的拖延心态必然要付出更大的代价。一
旦一个人做事变得犹豫不决，那么他就会不停地思考，不停地权
衡，这也会使得他的行动变得缓慢，浪费大量的时间。

古人云："当断不断，反受其乱。"一些悬而未决的问题往
往会影响你的工作，它会使你在能自由支配的宝贵时间里变得心
不在焉。关键并不在于你是否有问题要解决，而在于它们是不是
一个月或一年前就已经出现过的问题。如果有些问题长期以来一
直没解决，那么请你仔细考虑一下，它们已经消耗了你多少时间
和精力？它们是否正是占有了你80%时间，却得到20%收益的那
一部分？你至少应该解决一些这类老大难的问题，使自己舒舒服
服地生活。

或许你有时拿不定主意，这种时候你其实完全可以缩小选择
范围，从而迅速地做出决定，因为果断干脆至少可以在生活的其
他方面让你受益匪浅。

在改革开放初期，海南有一个很有名的公司，那就是海
口饮料厂。它之所以有名是因为它本来是一个濒临破产的公
司，最后却成为海南当地的明星公司。

在王光兴就任海口饮料厂厂长之后，这个公司面临的
是这样一个状况：产品滞销，资金呆死，生产基本停顿。面
对这样的状况，他给厂内的产品质检和研发部以及市场部的
员工们下了一个命令：在15天之内改进主产品的原料结构，
使之更加符合当代人的口味，并做出全国的市场分析详细报
告。

15天！这并不是一个简单的任务。面对这样的任务，员

工们有两个选择：第一个是，改造救活这个公司是一个无法完成的任务，算了吧，肯定会失败的；第二个是，立即动起手来，开始分析原因研究配方，开始调查市场，开始计划，并将这一切落到实处变成现实。很显然，海口饮料厂的员工们选择的是后者。

靠着这种卷起袖子干活的精神，他们在15天之后做到了王光兴所要求的一切。也正是靠着这样的精神，这个公司在不到3年的时间内，由一个积压了800多吨产品的公司变成了一个年盈利108万元的当地明星公司，公司资产比在他们开始行动起来做调查、研究之时增加了4倍。

后来员工们回忆说，如果当时他们的犹豫真的超过了行动起来的决心的话，那么他们的公司永远不可能拥有后来的成功。面对困境和艰难的任务，如果不卷起袖子干活，这种困难就将会渐渐磨灭人的决心和意志，最后的结果就会是人的惰性最终获胜，从而使得任何美好的计划都功亏一篑。

避免犹豫不决的最有力的办法，是迅速做出该怎么做一件事的决定。排除一切干扰因素，而且一旦做出决定，就不要再继续犹豫不决，以免我们的决定受到影响。有的时候，犹豫就意味着失去。实际上，一个人如果总是优柔寡断，犹豫不决，或者总在毫无意义地思考自己的选择，一旦有了新的情况就轻易改变自己的决定，这样的人成就不了任何事！

对成功者来说，时间就是生命，时间就是效率，而犹豫不决意味着一个人对某一任务不是一次完成，而是要花很多次时间。所以，我们必须改掉犹豫不决的恶习，迅速做出决定。

"今日事今日毕"的工作原则

当一天结束的时候，你的工作是否完成了？答案常常是否定的，如果今天应该做完的事情而不能完成的，到明天也不会做好。凡是对于今天的事务不能当日料理清楚，而要挪用明天的时间来抵补的人，你能够期待他在事业上取得成功吗？成功者之所以成功，就在于他不会把今天要完成的事情留到明天去做，他们总会以更快的速度力争在设定的时间之内把所有的事做完。

从前，有一位年轻的画家把自己的作品拿给大画家马蒂斯请教。马蒂斯指出了几处他不满意的地方。

"谢谢您，"这位年轻的画家说："明天我全部修改。"

马蒂斯激动地问："为什么要明天？您想明天才改吗？要是您今晚就死了呢？对于一个年轻人来说，做什么事都得把握眼前每一件事，容不得半点不踏实……"

可见，时间是不等人的，我们必须养成今日事今日毕的好习惯。有些人总是习惯把今天应当而且可以完成的事情推到明天去做，以至于"明日复明日，明日何其多；我生待明日，万事成蹉跎。"殊不知，昨天是期票，明天是支票，今天才是现金，万事等明天必然养成懒惰、拖沓的恶习，最终落得虚度年华，闲白少年头。

在工作中，今日之事，今日尽可能的完成它，否则，就会将今天的工作拖延到第二天。昨日之事昨日死，今日之事今日生，每一天都会有许多不同的问题等待我们去解决，如果事情累计，就会造成工作的进度和质量，而由此将会为你的工作带来一系列的质疑。这是职场禁忌，也是个人工作表现的最关键因素之一。

海尔集团的CEO张瑞敏在海尔推行了"日事日毕，日事日清，日清日高"的制度。就是在海尔内部建立一个每人、每天对自己所从事的工作进行检查、清理的"日日清"控制系统。案头文件，缓办的、急办的、一般性材料的摆放，都是有条有理、井然有序。

"日日清"系统包括两个方面：一是"日清日高"，即对工作中的薄弱环节不断改善、不断提高，要求职工"坚持每天提高1%"，70天工作水平就可以提高一倍；二是"日事日毕"，即对当天发生的各种问题在当天必须弄清原因，分清责任，并及时采取措施进行处理。比如工人使用的"3E"卡，就用来记录每个人每天对每件事的日清过程和结果。

对海尔的客服人员而言，客户提出的任何要求，不管是大事，还是"鸡毛蒜皮"的小事，工作责任人必须在客户提出的当天给予答复，与客户就工作细节协商一致。然后再毫不走样地按照协商的具体要求办理，办好后必须及时反馈给客户。假如遇到客户投诉、抱怨，需要在第一时间加以解决，自己不能解决时要及时汇报。

1999年7月中旬，美国洛杉矶地区的气温高达40多度，路上的行人很少，因为没有人愿意在这么热的天气里活动。一次，因运输公司驾驶员的原因，运往洛杉矶的海尔洗衣机零部件多放了一箱，这件事本来不影响工作，找机会调回来即可，但美国海尔贸易有限公司零部件经理丹先生却不这么

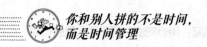
认为，他说：当天的日清中就定下了要调回来的内容，哪能把当日该完成的工作往后拖呢？！于是丹先生冒着酷暑把这箱零部件及时调换了回来。

正是因为海尔集团有着这样一种绝不拖延，"日事日清"的精神，海尔的服务被评为"5A钻研服务"，海尔的产品成为了世界一流的产品。

海尔建立"日事日毕，日事是清，日清日高"制度是对时间的珍惜，同时也是对客户负责的一种态度。不管是对自己的工作，还是对客户的服务，所有的事务都是要在一定的时间内完成才有一定的意义。实际上，海尔的成功在于他们充分认识到了"日事日清"的重要性，他们在提高自己的同时，也得到了客户的信任。

"今日事今日毕"的工作原则不仅对于企业管理很重要，对于员工个人来说也非常重要。坚持这个原则，可以保证我们的工作井然有序且能保质保量地完成。一个有着"今日事今日毕"习惯的员工，他的魄力、能力、工作态度及负责精神都将会为他带来巨大的收益。

瑞士著名教育家裴斯泰洛齐说："今天应做的事没有做，明天再早也是耽误了。"的确，现在该做的事，现在就做。上午要做完的工作，上午一定完工。今天要完成的工作，今天一定完成。这是按计划、分步骤达到成功的唯一做法，也是所有优秀员工共通的工作原则。

联邦快递员工的核心理念是隔日送达，隔日一定要送达，无论碰到什么麻烦和问题。联邦快递曾在其公司网站上张贴了几个故事来阐明其核心理念：隔日送达。

一天，公司的一个驾驶员克劳尔，来到美国铝业公司装运一批必须当晚运出的车轮。然而，车轮的重要部件之一很晚才运达。克劳尔没有等待和观望，而是积极帮助安装，并为车轮加上润滑油，使得这批车轮得以按时运出。

在一次出班中，史蒂芬驾驶的货车过热，他通过不断给散热器加水完成了运输任务。回到运输站后，他将另外一批待运的包裹装上另一辆货车，但这辆货车也抛锚了。于是，史蒂芬向一位客户借了一辆自行车，将联邦快递公司的板条箱放入自己的背包里，然后将包裹装入其中。在炎热的天气里，史蒂芬骑着自行车，在陡峭的山丘上上下下，共行进了10英里，最终运完了自己负责的货物。然后，在休息的间隙，他又徒步行走了2.2英里去装运另一批货物。

隔日送达是联邦响亮的服务口号，为了兑现这一承诺，全面推进企业战略，每一个联邦快递人都要绝对执行，背负着强烈使命感的联邦快递人用自己坚决执行的行动捍卫了公司的使命。

今日事今日毕是一种良好的工作习惯，也是一种积极的工作态度。工作中，如果你将"今日事今日毕"养成一种习惯，将会使你受益无穷。今日事今日毕，不仅可以加快你的办事速度，而且可以使你享受到完成任务的喜悦。

时间对于每个人都是对等的，越是忙就越要将自己每一天的时间安排好，只有做到持之以恒、日事日清的人，才能让自己的事业保持每天都的进步。只有规划好每一天的工作，并且保证当天的工作顺利完成才能保证未来的工作都能按照计划进行。

你可能没有丰富的学识，也没有不同凡响的能力，但只要坚持做到"今日事今日毕"，你就是一个优秀的员工。当你养成"今日事今日毕"的工作习惯并把它当作自己的行为准则时，你离成功就不远了。

做一个守时、准时的人

人们常说："时间候就是金钱，时间就是生命。"时间的重要性不言而喻。既然时间如此宝贵，那么守时就显得更加重要了。遗憾的是，不守时的情也经常在我们的身边发生。例如，你在约见客户的时候，是否都有这种想法：千万不要误了点。如果有事迟到了，还得和客户说清楚其中的原因。尤其是和你签订单的客户，你们千万要注意守时啊，倘若总是迟到，那还不让客户生气吗，更可怕的是容易引起对方的误解，以为你没有诚意而取消了订单？——很多人因为没有控制好时间而失去了生意，很多时候，你不控制时间等于流失财富。

张先生想买一台笔记本电脑，他和推销员小刘约好下午1点半在小刘办公室面谈。张先生准点到达，而小刘却在20分钟之后才趾高气扬地走了进来。

"对不起，我来晚了。"他随口说着，"我能为你做点什么？"

"你知道，如果你是到我的办公室做推销，即使迟到了，我也不会生气，因为我完全可以利用这段时间干我自己的事。但是，我上你这儿来照顾你的生意，你却迟到了，这是不能原谅的。"张先生直言不讳地说。

"我很抱歉，但我刚才正在街对面的餐馆吃午饭，那儿的服务实在太慢了。"

"我不能接受你的道歉。"张先生说，"既然你和客户约好了时间，当你意识到可能迟到时，应该抛开午餐前来赴约。是我，你的客户，而不是你的胃口应该得到优先考虑。"

尽管那种计算机的价格极具竞争性，小刘也毫无办法促成交易，因为他的迟到激怒了派克。更可悲的是，他竟然根本没想通为什么会失去这笔生意。

对于不守时的人来说，浪费的不仅仅是自己的时间和生命，同时也在消耗别人的时间和生命。如果你与客户预约了时间，就一定要提前或准时到达，如果因不可抗拒的因素迟到或无法赴约，必须及时通知客户，诚挚地道歉。而在与客户见面时，更应该保持谦虚谨慎的态度，切忌傲慢无礼、夸夸其谈，否则会让客户感觉到你不可靠，从而丧失交易的机会。

所谓守时，就是遵守时间，履行承诺，管应别人的事情就要在规定的时间范围内完成。守时是一种对别人的尊重，是自己的一片信誉，是一种于细节处相见的美德。它不仅体现出一个人对人、对事的态度，更体现出一个人的道德修养。

詹姆斯先生一贯非常准时。在他看来，不准时就是一种难以容忍的罪恶。有一次，詹姆斯与一个请求他帮忙的青年约好，某天早晨的10点钟在自己的办公室里见那位青年，然后陪那位青年去会见火车站站长，应聘铁路上的一个职位。到了这一天，那个青年比约定时间竟迟了20分钟。所以，当那位青年到詹姆斯的办公室时，詹姆斯先生已经离开办公室，开会去了。

过了几天，那个青年再去求见詹姆斯。詹姆斯问他那天为什么失约，谁知那个青年人回答道："呀，詹姆斯先生，那天我是在10点20分来的！"	"但是约定的时间是10点钟啊！"	詹姆斯提醒他。那个青年支吾着说："迟到一二十分钟，应该没有太大关系吧？"詹姆斯先生很严肃地对他说："谁说没有关系？你要知道，能否准时赴约是一件极紧要的事情。就这件事来说，你因不能准时已失掉了拥有你所向往的那个职位的机会，因为就在那一天，铁路部门已接洽了另一个人。而且我还要告诉你，你没有权利看轻我的20分钟时间，没有理由以为我白等你20分钟是不要紧的。老实告诉你，在那20分钟的时间中，我必须赴另外两个重要的约会，我也不能让别人白等。"

不要以为约会迟到只是一件稀松平常的事，更不要以为它不足以产生严重的不良后果。事实上，在"守时"被视为美德的社会里，"迟到"是一种令人难以接受的恶习。

守时是一种美德、一种素质、一种涵养，是待人有礼貌的表现。每次的守时，都会给对方留下良好的印象，从而为自己赢得更多的朋友。不遵守时间的人，在浪费自己和别人宝贵时间的同时，也会失去朋友，有谁愿意和一个不懂得珍惜时间、不懂得尊重他人的人做朋友呢？不守时只是一个表象，深层次的原因源于对时间的轻视和对别人的漠视，所以说，守时不单单是礼貌问题，更是人格问题。

德国哲学家康德是一个十分守时的人。一次，他想要去一个名叫珀芬的小镇拜访他的一位老朋友威廉先生。于是，他写了信给威廉，说自己将会在3月5日上午11点钟之前到达那里。半路却因为桥坏了过不了河了，他跑到附近的一座破旧的农舍旁边，对主人说："请问您这间房子肯不肯出售？"农妇听了他的话，很吃惊地说："我的房子又破又旧，而且地段也不好，你买这座房子干什么？""你不用管我有什么用，你只要告诉我你愿不愿意卖？""当然愿意，200法郎就可以。"

康德先生毫不犹豫地付了钱，对农妇说："如果您能够从房子上拆一些木头，在20分钟内修好这座桥，我就把房子还给你。"农妇再次感到吃惊，但还是把自己的儿子叫来，及时修好了那座桥。

马车终于平安地过了桥。10点50分的时候，康德准时来到了老朋友威廉的房门前。康德和老朋友度过了一段快乐的时光，但是他对于为了准时过桥而买下房子、拆下木头修桥的过程却丝毫没有提及。后来，威廉先生还是从那位农妇那里知道了这件事，他专门写信给康德说：老朋友之间的约会大可不必如此煞费苦心，即使晚一些也是可以原谅的，更何况是遇到了意外呢。但是康德却坚持认为守时是必须的，不管是对老朋友还是陌生人。

守时的习惯代表你对自己的控制能力。如果一个人平常的举止行为，没有办法守时的话，那他做什么事情应该也难会如期完成。一个守时的人定是一个懂得珍惜时间的人，不仅仅要注意不浪费自己的时间，也要时时注意不能够白白浪费别人的时间。管理好自己的时间，就是让自己无论在做什么事的时候都能够轻松应对、游刃有余。

守时是尊重别人的时间和尊重自己的时间。尊重别人的时间相当于尊重别人的人格、权利，尊重自己的时间则无疑是珍惜自己的生命。因此，守时的人更容易获得他人的尊重，也必将赢得自己的成功。

柴田和子是日本第一生命保险公司的金牌推销员。有一次，她给一家公司的经理打电话，预约见面的时间。经理说："你中午来吧。"于是，柴田和子在中午12点准时出现在预约的公司里，当她敲开了经理的门，然后说："对不起，打扰您了，我是和您预约好的，我是……"

"小姐！哪有人会选择在午餐时间来拜访客户的？真是不懂礼貌。"没等柴田和子说完，经理便用手指着柴田和子，把她数落了一顿。

柴田和子反问道："那么请问，您所说的中午是几点？"

经理回答："中午就是中午。"

"您让我中午来，所以我才十二点准时到。我按照您的吩咐中午到，难道错了吗？"

经理看了看柴田和子，心里想：天下怎么会有如此固执的女人！于是说："难道中午就非得是十二点吗？"

柴田和子缓和了一下口气说："既然不是十二点，那我过半个小时以后再来，好吗？"

经理点点头，说："可以。"

于是柴田和子来到附近的快餐店点了一份日本料理。吃完午餐后，柴田和子看了看表，和约好的时间还差十分钟，于是又返回公司。

到了十二点半，柴田和子大步走进经理办公室，大声说："对不起，打扰您了，请见谅！我是第一生命保险公司的柴田和子。"

经理看到柴田和子的时间观念如此强，便允许她向自己介绍保险，最后接受了柴田和子的建议，当场签署了20万元的保单。此后，这位经理不但成了柴田和子的好朋友，还为她介绍了很多新的客户。

在控制自己的约定时间时，也是在尊重别人的时间，只有真正做到守时，守信，才能起到有效控制时间的作用，只要有一方不守信誉，就会导致前功尽弃，无法挽回的局面出现。因此，我们必须相互控制时间，真正做到讲信誉、重诺言、守时间。

总之，不论在生活上或是工作上，忙一点没关系，只要你遵守时间信用，获得财富的几率就会越多。

第六章　用对方法：
效率永远是最重要的事情

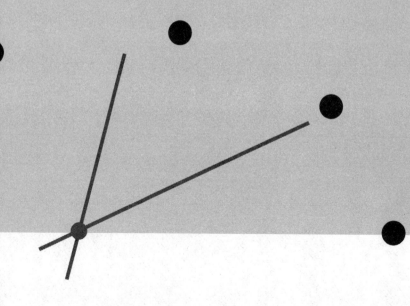

化繁为简，一针见血找到问题关键

现实生活中，你是否时常有这样的感觉？从早忙到晚，手头似乎总有做不完的事情；工作了一整天也没有什么成果；时间总是感觉不够用；总是无法解决工作中的难题；总感觉自己被工作追着跑，压得自己透不过气……这一切都是复杂惹的祸。

老子说："大道至简"，最深奥的道理是简明的。工作亦如此。为了提高工作效率，我们要倡导的就是把工作简单化，简单就是效率。只有将繁复的工作简化，从复杂的工作表象中走出来，工作积极主动，就能提高工作效能。

日本的火箭研制成功后，科学界选定A岛做发射基地。经过长久的准备，当进入可以实际发射的阶段时，A岛的居民却群起反对火箭在此发射。于是全体技术人员总动员，反复与岛上居民沟通、谈判，以寻求他们的理解。可是，交涉却一直陷入泥淖状态，虽然最后终于说服了岛上的居民，可是前后却花费了3年的时间。

后来，大家重新检讨这件事情时，发现火箭的发射并不是非A岛不行，然而此前，却从来没有人发现这个问题。当时只要把火箭运到别的地方，那么，3年前早就发射了。由于当时太执着于如何说服岛民的问题上，所以连"换个地方"这么简单而容易的方法都没有想到。

159

很多时候，工作问题本来很简单，只是人为地复杂化了，使其费时费力，又浪费成本。我们强调"把工作简单化"，这实际上是一种讲实际、求实效的作风，是一种事半功倍的工作方法，它能以最小的代价求得最大最好的效果。

化繁为简是一种重要的能力。职场中，我们经常看到有人的善于把复杂的事物简明化，办事又快又好，效率高；而有的人却把简单的事情复杂化，迷惑于复杂纷繁的现象，使复杂的事物更显复杂，结果只能陷入其中走不出来，工作忙乱被动，办事效率极低。这两种类型的人，其工作效率高低不同，原因在于会不会运用化繁为简的工作方法和艺术。

"复杂"与"简单"是两个相对的哲学概念。认识这两个概念，应该具有辩证思维。复杂问题解决起来未必就困难，简单问题解决起来也不一定就容易。因此，面对复杂问题，我们应该善于运用简单性思维，学会复杂问题简单操作。这种"简单"，并非是把问题简单化，而是揭开问题复杂性的外衣，或由繁入简，或删繁就简，直刺问题的本质。

在工作中，化繁为简可以将时间使用效率大大地提高。纵观人类发展史，效率往往就是从简化开始的。赵武灵王提倡"胡服骑射"，用骑兵结束了"战车时代"，靠简化在军事上作出了卓越贡献。秦始皇统一文字，统一货币，统一度量衡靠简化推进了社会的进步。在当今科学技术、社会发展日新月异的时代，运用简化提高效率，对我们现代化建设步伐的加快具有重要意义。

在当今快速紧凑的工作节奏中，化繁为简是最好的工作原则。因为复杂的东西往往是缺乏速度的，不能迅速达到目标也就没有了效率。化繁为简有利于提高工作效率，使人们从繁忙的工

160

作中解脱出来。以简单来驾驭繁琐是一种工作境界，也是一个人工作能力的显现。

将问题简单化，其关键点是要找到问题的关键。只有找到问题的关键，问题才能够迎刃而解。

一家国际知名日化企业和中国南方一家小日化工厂分别引进了一套同样的肥皂包装生产线，但是投入使用后却发现这套设备自动把香皂放入香皂盒的环节存在设计缺陷，每100支皂盒中就有1—2个是空的。这样的产品投入市场肯定不行，而人工分拣的难度与成本又很高，于是，这家跨国大公司就组织技术研发队伍，耗时1个月，设计出了一套重力感应装置——当流水线上有空肥皂盒经过这套感应装置时，计算机检测到皂盒重量过轻以后，设备上的自动机械手就会把空皂盒取走。这家公司对于为这台设备打的"补丁"深感得意。而我国南方这家小日化工厂根本没有研发资金与实力去开发这样的补丁设备，老板只甩给采购设备的员工一句话："这个问题你解决不了就给我走人!"，结果这位员工到旧货市场花30元买了个二手电风扇放在流水线旁，当有空皂盒经过开启的风扇时就会因为很轻而被吹落。问题同样解决了。

同样的问题，一个花了大量的时间和精力设计一套重力感应装置，而另一个却用一个简简单单的风扇就把问题解决了。后面的方法更简单易行，而且省力、省时、省钱，这样的方法就是好方法，能想出这种简单易行的员工自然会老板对他刮目相看。所以，我们在做任何事情的时候，千万不要把事情过于复杂化，简

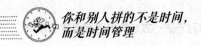
单的时候就是简单，太多的顾虑反而会让我们走弯路，事情的结果也会和我们希望的相反。

世界是复杂的，但也是简单的，只是我们常常被自己的习惯性思维禁锢，从而把简单的事情弄复杂了。如何将复杂的事情回归于简单，根除工作的"复杂病"，是每一个人需要思考的问题。所以，我们在工作当中，一定要通过转变思想，时刻去提醒自己要把复杂的事情简单化。而具体地来说，如果想要达到这个目的，我们可以从以下几个方面出发：

第一，把复杂问题分解，一个个去做。在我们的工作当中，有很多任务往往会有复杂的流程，而有的流程不是多余，就是过于繁复，为此，我们需要把复杂的问题进行分解，一个一个地去击破。因为小的任务总是要比大的任务简单很多。等到所有的小任务都完成了，这个大任务就会迎刃而解了。

第二，要先考虑主要情况，一些特殊情况可以先放下。很多人在考虑问题的时候，总是喜欢追求完美，想一下子能够把所有的问题都解决，但是实际情况却并不容易，因为我们每个人的精力是有限的，而且工作的时间也是有限的。如果过于追求完美，就很有可能导致主要的问题迟迟不能够得到解决。

聪明地工作比努力更具效率

有这样一个小故事：

　　两个农民比赛谁的土豆窝挖得直。议定好，甲农民就拿起工具开始行动。他是怎么做的呢？挖第二个土豆窝的时候和第一个对齐，他以为这就是最妥当的方法，谁知，等到他挖完了一行的时候，发现自己的土豆窝子已经向一边倾斜了很久。这个时候，乙农民刚刚拿好工具，他先在田的另外一头插上了一根长长的竹竿，然后开始不紧不慢地挖起窝子来。不多时候，一条笔直的土豆窝线便出来了。

　　甲大惑不解，和乙交谈起来，乙告诉他，在开始行动的时候，他先仔细考虑了究竟什么叫直，怎么才能挖得直。他得出的结论是，直就是从田地这边到田地那边定好的一段笔直线段，单单两个土豆窝子是直的是不行的，于是他便在田那边竖起一根竹竿，照着竹竿的方向挖，一发现微妙的偏差，便开始调整。他评论甲的方法说，看着前一个土豆窝决定第二个土豆窝的位置，如果第一个有所倾斜，第二个就会跟着倾斜，这样就越来越斜了。

　　真没想到，一个简单的挖土豆窝子都可以有这么大的学问。显然，故事中的甲农民用力做事，乙农民则用智做事。这个故事告诉我们，遇到事情多动动脑子，找到最佳的解决问题的办法来，这肯定要比使用蛮力要强得多。

　　在工作中，许多人认为自己付出的辛勤汗水并不比别人少，但成绩却总没别人好，究其原因，主要是方法技巧问题。有一句俄罗斯谚语："巧干能捕雄狮，蛮干难捉蟋蟀。"这句话道出了一个普遍的真理，即做事要讲究方法，巧干胜于蛮干。做任何事情都有许多种方法，只有找到最科学的方法和策略，才会让你做到既轻松又省力。所以，当遇到工作的难题时，绝不能一味下蛮

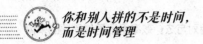
力去干，要学会动脑，学会找方法，这样做起事情来才能够更加轻松，更有效率。

找对方法做对事，有时正确的做事方法比态度更重要！只有掌握了做事的正确方法，运用正确的做事策略，我们才能事半功倍。

有一家大型旅行社，每天需要处理大量的线路、地接等信息，一般这样的信息都通过收发传真的方式传输，如果到了旺季，有的旅行社甚至每天要收发几百封甚至上千封传真，工作量大，容易出错，同时还要负担长途通讯和纸张的费用。

在网络科技迅猛发展的今天，完全可以利用互联网将大容量、大批量的公文直接从一台计算机发送到另外一台计算机，效率高，实效性强，不会丢失，还节约了大量的长途通讯等费用。提高资源在企业内部的共享率和流通率，以及加强远程的工作协作，这些都是IT技术及互联网应用为企业提高整体效率最直接的方式，从而达到提高企业整体效率的目的。

于是，该旅行社改进他们的办公方法，寻找方便快捷的软件，使得数据文件的传输效率大大提高，以前需要几分钟发完的传真，现在只需轻轻点一下鼠标就完成了，同时每年为此节约近百万元的通讯、纸张、人员加班等费用。

成功的人讲究方法，讲究效率，而失败者往往忽略了这些，只是凭借着自己的想法蛮干。很多时候，仅仅知道做什么是不够的，因为人的命运取决于做事的结果，而结果取决于做事的方法。如果不掌握正确的做事方法，做的往往也是无用功。

好的方法犹如门的钥匙，让你能轻松地打开通向成功的门，而不去考虑做事的方法，单单下苦功，就如同用自己的力气去撞开门，这往往会浪费大量的时间，甚至造成伤害。所以，碰到困难我们应该迎面而上，主动去寻找解决问题的方法，用一半的时间来思考，一半的时间来行动，可以让你事半功倍。

把注意力集中到重要的事情上

古人云："事有先后，用有缓急。"工作也是如此，分清事情的轻重缓急，不但可以快速地完成任务，节约办公时间、提高工作效率，还可以给自己减少不必要的麻烦。

每个人都希望自己在有有限的时间内把工作干好，可是，为什么有的人做不好呢？并不是因为他的事情多，而是因为他没有分清事情的主次轻重。

重视工作效率的人懂得，他们必须要完成许多工作，而且每件工作都要达到一定的效果。因此，他们就会集中一切资源以及他所有的时间和精力，坚持把重要的事情放在前面先做。要做最重要的事，就是养成把每天要做的工作排列出来的习惯。

美国伯利恒钢铁公司总裁查尔斯·舒瓦普，向效率专家艾维·利请教"如何更好地执行计划"的方法。

艾维·利声称可以在10分钟内就给舒瓦普一样东西，这东西能把他公司的业绩提高50％，然后他递给舒瓦普一张空白纸，说："请在这张纸上写下你明天要做的6件最重要的事。"舒瓦普用了5分钟写完。

艾维·利接着说："现在用数字标明每件事情对于你和你的公司的重要性次序。"

这又花了5分钟。

艾维·利说："好了，把这张纸放进口袋，明天早上第一件事是把纸条拿出来，做第一项最重要的。不要看其他的，只是第一项。着手办第一件事，直至完成为止。然后用同样的方法对待第二项、第三项……直到你下班为止。如果只做完第一件事，那不要紧，你总是在做最重要的事情。"

艾维·利最后说："每一天都要这样做——您刚才看见了，只用10分钟时间——你对这种方法的价值深信不疑之后，叫你公司的人也这样干。这个试验你爱做多久就做多久，然后给我寄支票来，你认为值多少就给我多少。"

一个月之后，舒瓦普给艾维·利寄去一张2.5万美元的支票，还有一封信。信上说，那是他一生中最有价值的一课。

5年之后，这个当年不为人知的小钢铁厂一跃而成为世界上最大的独立钢铁厂。人们普遍认为，艾维·利提出的方法功不可没。

由此可见，分清工作的轻重缓急是提高工作效率最简单也是最重要的方法，它不但能够使得你有限的时间得到充分的利用，可以为你赢得更多的时间和精力。

我们知道，事情有轻重缓急之分，在做事之前你必须知道做事的先后顺序。一旦你没有搞清楚这个问题随意地开始行动，便会无缘无故浪费很多时间和精力，并且不会有任何收获。

在生活中，有不少人工作勤奋，但却没有取得成就，不是因为他们不努力，而是因为他们分不清工作的主次轻重。他们常常是拣了芝麻丢西瓜，虽然工作干了不少，但却没有成效，因为他们所干的都是一些无关紧要的小事，并占用了他们大部分的时间和精力，而真正重要的大事却被他们忽视了。所以，确定工作的轻重缓急，然后，坚持按重要性优先排序的原则做事，你将会发现，再没有其他办法比按重要性办事更能提高工作效率了。

有一次，苏格拉底在给他的学生们上课，他在讲桌上放了一个装水的广口瓶，然后从桌子下面拿出了几块鹅卵石装到瓶子里，刚好把瓶子装满了。于是苏格拉底问学生们，"现在你们觉得这个瓶子是满的么？"

"是的"，学生们异口同声地回答。

苏格拉底笑笑，从桌下又拿出了一袋小石子，把这些石子全部倒进了广口瓶，然后又问，"现在你们说这个瓶子满了么？"

学生们面面相觑，没人回答。

苏格拉底再次弯下腰从桌子下面拿出了一袋沙子，将这些沙子全部倒入了广口瓶中，再问，"现在你们觉得这个瓶子满了么？"

"满了！"学生们很有信心地回答道。

苏格拉底没有说话，又从桌子下面拿出了一瓶水，全部倒进了广口瓶中。这下看来，广口瓶应该再装不了什么东

西了。

苏格拉底问学生们，"这堂课告诉了我们一个什么道理？"

有个学生举手回答说："这告诉了我们，看似满的东西还是有空间的，这就像事情和时间的关系，看似事情很多，时间不够用，但挤一挤还是有的。"

苏格拉底笑着说："你说的很好，但今天我要告诉大家的不是这个，而是一个更简单的道理，如果我们刚开始的时候不把鹅卵石放进瓶子里的话，就再也没有机会放进去了。"

这个故事告诉我们：事情的规划是很重要的。在做事情之前，先进行思考，把问题和工作按照性质和情况的不同进行划分，再安排解决这些工作的顺序，这样才有可能得到事半功倍的效果。

任何工作都有轻重缓急之分。只有分清哪些是最重要的并把它做好，你的工作才会变得井井有条，卓有成效。如果你分不清事情的"轻重缓急"，不但会浪费许多时间，更会让你的努力全部"归零"。所以，为了提高工作效率，为了能在工作中得到更多的成功，我们要试着多思考一些，学会分清事情的轻重缓急，先做重要的事。

创造性地解决问题

在生活和工作中，当我们遇到障碍，经过了努力仍然没有进展的时候，就要想想是不是有更好的方法。正确的做事方法比持之以恒更重要！

在工作当中，我们做事情不可能总是一帆风顺的，当遇到难题的时候，我们绝对不应该一味地蛮干下去，而应该多动脑筋，看看自己所努力的方向是不是正确的。

日本南极探险队第一次准备在南极过冬，便设法用运输船汽油运到越冬基地。由于准备不充分，在实地操作中发现输油管的长度根本不够。也一下子找不出另外备用和可以替代使用的管子。再从日本运来，那时间需要近两个月。怎么办？这下子把所有队员给难住了。

这时候，队长突然提出一个很奇特的设想，他说："我们用冰来做管子吧。冰在南极是最丰富的东西，但怎样使冰变成管状呢？很多人还是糊里糊涂的。队长又说，我们不是有医疗用的绷带吗？就把它缠在已有铁管上，上面淋上水让它结成冰，然后拔出铁管，这不就成了冰管子了吗，然后把它们一节一节连起来，要多长就有多长。"

队长的聪明之处在于，突破原有的观念，在以已知的东西上进行了小小的改变和替代，制造出新的物件。

常言道："不识庐山真面目，只缘身在此山中"、"当事者迷，旁观者清"。我们的思维长期局限在一个狭小的环境中，是容易僵化的。只有拓展思维选择的可能性空间，跳出就事论事的模式，突破常规思维、习惯思维的框框，换一种想法，多一条思路，就会轻松地解决遇到的难题。

犹太人有一句著名的格言："开锁不能总用钥匙；解决问题不能总靠常规的方法。"在工作中，只要能突破固有的思维模式，就能处处产生出奇制胜的效果。改变常态的思维轨迹，用新的观点、新的角度、新的方式研究和处理问题，就能产生新的思想。

一家著名的企业，正在招聘业务员，为了招到真正有才干的人才，要求每位应聘者必须经过一道测试：一个月内向和尚出售100把梳子。当应聘者们拿到这样一个题目后，几乎所有的人都表示怀疑：把梳子卖给和尚？这怎么可能呢？有没有搞错？于是，许多人都打了退堂鼓，最后只剩下甲、乙、丙三个人勇敢地接受了挑战。一个月的期限到了，三人回公司汇报各自的销售实践成果，甲仅仅卖出一把，乙卖出10把，丙居然卖出了1000把！同样的条件，为什么结果会有这么大的差异呢？公司请他们谈谈各自的销售经过。

甲说，他跑了三座寺院，受到了无数次和尚的追赶，但仍然不屈不挠，终于感动了一个小和尚，买了一把梳子。

乙去了一座名山古寺，由于山高风大，很多前来进香的善男信女的头发都吹乱了。乙找到住持，说："蓬头垢面对佛是不敬的，应在每座香案前放把木梳，供善男信女梳头。"住持认为有理，那座庙共有10座香案，于是住持买下10把梳子。

丙来到一座颇负盛名、香火极旺的深山宝刹，对方丈说："凡来进香者，都有一颗虔诚之心，宝刹应有回赠，保佑平安吉祥，鼓励多行善事。我有一批梳子，您可在上面刻上'积善梳'三字，然后作为赠品。"方丈听罢大喜，立刻买下1000把梳子。

听完三位应聘者的讲述，公司认为，三个人代表着推销工作中三种类型的人员，各有特点。甲是一位执着型推销人员，有吃苦耐劳、锲而不舍、真诚感人的优点；乙具有善于观察事物和推理判断的能力，能够大胆设想、因势利导地实现销售；而丙呢，他通过对目标人群的分析研究，大胆创意，有效策划、开发了一种新的市场需求。由于丙过人的智慧，公司决定聘请他为营销部的经理。

更令人振奋的是，丙的"积善梳"一出，一传十，十传百，朝拜者更多，香火更旺。于是，方丈再次向丙订货。这样，丙不但一次卖出1000把梳子，而且获得了长期的订单。

这个故事告诉我们：思路决定出路，观念决定前途。同样是在解决难题，思想老化的人年复一年，机械地重复着手边的工作，没有创意的工作让人生乏味无比。相反，会动脑子的人会借着问题，将工作上升到更高效的层面，自己也可"一劳永逸"。

其实，我们在工作中有可能花费了很大的工夫，但是却始终不愿意换个角度去思考问题，考虑一些其他的方式，考虑一些其他的快捷方法。解决问题的方法也许就是转换角度后的另一扇打开的门。

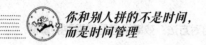
所以说，当我们在面对问题的时候，不要只从问题的直观角度去思考，一定要不断发挥自己的智慧和潜力，从相反的方面去寻找解决问题的办法，这样才会让问题出现新的转机。

柯特大饭店是美国加州圣地亚哥市的一家老牌饭店。由于原先配套设计的电梯过于狭小老旧，已无法适应越来越多的客流。于是，饭店老板准备改建一个新式的电梯。他重金请来全国一流的建筑师和工程师，请他们一起商讨，该如何进行改建。建筑师和工程师的经验都很丰富，他们讨论的结论是：饭店必须新换一台大电梯。为了安装好新电梯，饭店必须停止营业半年时间。

"除了关闭饭店半年就没有别的办法了吗？"老板的眉头皱得很紧，"要知道，这样会造成很大的经济损失……"

"必须得这样，不可能有别的方案。"建筑师和工程师们坚持说。就在这时候，饭店里的清洁工刚好在附近拖地，听到了他们的谈话，他马上直起腰，停止了工作。他望望忧心忡忡、神色犹豫的老板和那两位一脸自信的专家，突然开口说："如果换上我，你们知道我会怎么来装这个电梯吗？"工程师瞟了他一眼，不屑地说："你能怎么做？"

"我会直接在屋子外面装上电梯。"

"多么好的方法啊！"工程师和建筑师听了，顿时诧异得说不出话来。很快，这家饭店就在屋外装设了一部新电梯。在建筑史上，这是第一次把电梯安装在室外。

有时候一个看起来很难的问题，换个思路去想却很简单，一味地去钻牛角尖可能却对问题的解决没有任何帮助。

所以，一件事，不要因为别人都这样做，我们也一定要这样做；不要因为过去是这样做，现在就得这样做。换一种思路，换一种方法，在解决问题的同时，你会发现结果可能更好。爱因斯坦曾经说过："人是靠大脑来解决一切问题的，只要每个人都能够主动去创新，相信一定能够找到更多更好解决问题的方法。"

完美主义要不得

季羡林说："人生在世，每一个人都想争取一个完美的人生。然而，从古至今，百分之百完美的人生是根本不存在的。"季羡林先生的话道出了人生的真谛，其实天地万物都是不完美的，人生也总是有缺憾的。当人们无论做什么事情都在苛求完美、时时计较那些不完美的事物时，往往只能让自己的心情变得越来越沉重，甚至郁郁寡欢。

小赵是一位性格内向、自尊心极强的青年。从小学到大学，他学习成绩一直名列前茅。进入单位以后，他工作认真努力，积极进取，时常加班加点地干活，希望给领导、同事留下好的印象。事实上大家也都很认可他的努力。可是每次完成任务以后，他却总发现自己有很多不完善的地方，或细节上的疏漏，或考虑上的不周……这些"过失"像电影中的镜头在他头脑中一遍遍掠过，让他深深地自责。他害怕时间长了以后，大家发现自己的工作其实做得不完美，越是这

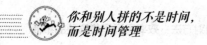
样,越发紧张,再接到工作以后,他就想做得再完美一点,加班加点地干,可老是达不到他的要求,弄得他整天焦虑不安,工作效率反而下降了。

向小赵这样的情况,样样都想做好,结果样样做不好的情况在生活中并不少见。这是典型的完美主义心理在作怪。但凡完美主义者或多或少都会犯类似的错。要知道,人的精力是有限的,能够支配的时间也是有限的,而追求完美所需要的时间和精力则是无止境的。想要用有限的精力与时间去追求无限的完美,这就注定会是镜花水月一场空。

追求完美是人的一种普遍心态。对许多人来说,追求尽善尽美是理所当然的。他们从未想过,正是这种似乎无关紧要的态度,给他们的生活带来了巨大的压力。

在某跨国公司担任秘书工作的蔡晓娟是一个典型的完美主义者。她对自己要求颇高,凡事都要求做的最好,但因常常无法如愿,故总是自责。近来,蔡晓娟对平常驾轻就熟的日常工作缺乏信心,睡眠也不好,感到心中惶恐,她以为自己生病了,所以来到医院检查,于是有了下面一段对话:

医生:"您见过著名的维纳斯雕像吗?"

蔡晓娟:"当然见过啦。"

医生:"这个雕像有一个非常显著的特征,你知道是什么吗?"

蔡晓娟:"哦,她的手臂是断的。"

医生:"请您想象一下,如果我们帮她接上两只手臂,是不是会更美?"

蔡晓娟："您真会说笑，如果那样的话，她还叫维纳斯吗？"

医生："是的，也就是说，凡事不可能完美，换言之，既然凡事不可能完美，那就说明残缺也自有一种美，那么您又为什么一定要追求工作中的完美无缺呢？这和为维纳斯接上双臂有什么区别呢？其实正是这些工作中小小缺陷的存在，才使您更加努力地工作，力争去避免失误，争取做得更好，那么您为什么不能容忍它们的存在而要感到焦虑不安呢？"

蔡晓娟："哦……是的，我好像有些明白了。"

医生："最后，送给您一句话：'人可以不断完善自己，但永远无法完美自己。'"

生活中，很多人把追求完美当作是人生的目标，但是，越来越多的人却被对"完美"的这份追求压得喘不过气来，深受完美主义之累，把所有的心思都投入到完美中，无论对生活、对工作都锱铢必较。其结果只会把自己搞得筋疲力尽。

心理学研究证明，试图达到完美境界的人与他们可能获得成功的机会，恰恰成反比。追求完美给人带来莫大的焦虑、沮丧和压抑。事情刚开始，他们在担心着失败，生怕干得不够漂亮而辗转不安，这就妨碍了他们全力以赴去取得成功。而一旦遭到失败，他们就会异常灰心，想尽快从失败的境遇中逃避开去。他们没有从失败中获取任何教训，而只是想方设法让自己避免尴尬的场面。他们往往神经非常紧张，以至于连一般的工作都不能胜任；不愿冒险，生怕任何微小的瑕疵损害了自己的形象；对自己有诸多苛求，毫无生活乐趣。总是发现有些事未臻完满，于是精

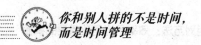
神总是得不到放松，无法休息。对别人也吹毛求疵，人际关系无法协调，得不到别人的合作与帮助。

背负着如此沉重的精神包袱，不用说在事业上谋求成功，而且在自尊心、家庭问题、人际关系等方面，也不可能取得满意的效果。他们抱着一种不正确和不合逻辑的态度对待生活和工作，他们永远无法让自己感到满足，每天都是焦灼不安的。所以说，追求完美只能使人处于不知所措的境地。

张阿姨刚刚退休在家闲着没事儿，有一天偶然看见电视上人在织毛衣，她一时心血来潮，就买来毛线打算自己织一件毛衣，也调剂一下枯燥的生活，找个乐子。可是没想到却成了负担。

那到底是怎么回事呢？由于很久没有织过了，张阿姨有些生疏，第一次，织了一段之后发现太肥了，于是就拆掉了；第二次织了一段觉得都没有花纹，太普通，又拆了；第三次织了带花纹的，觉得还可以，于是废寝忘食地织了下去，织到一半的时候，沾沾自喜地欣赏，发现中间有几个花纹织错了，怎么看怎么别扭。拆了吧觉得很可惜，不拆吧总是觉得不舒服。最后为了追求完美就全拆了重新开始。

本来织毛衣是为了调剂生活，找点乐子，又不等着穿，可是张阿姨为了织好这件毛衣取消了一切娱乐活动，而且容不下一点瑕疵，一遍遍地重来，只顾细节而忘记了主要目标，不但没有感到快乐，反而增加了负担。张阿姨也从中体会到了过于追求完美会夺走生活中的快乐。

追求绝对的完美，会让我们在做事的时候产生更多的遗憾，反而会偏离做事的本意。其实，在做一件事情的时候，只要方向是正确的，就没有必要过分计较表面上的瑕疵和缺憾。而且，绝对完美的事情实际上是不存在的。

追求完美既是一种正常的渴望，也是一种悲哀，因为现实生活根本没有完美的东西，如果一味地追求完美，那么最终会作茧自缚。人生旅途中，永远不要背负着"完美"的包袱上路，否则你将永远陷入无法自拔的矛盾之中，最后也只能在苦恼中老去。

凡事要求自己做到最好固然重要，但是也要记住，完美主义是一个容易掉进去的时间管理陷阱。要接受不完美。灵活对待生活和工作中的变数，出现问题及时修整，避免徒劳无功的事情发生。

在现在这个纷乱复杂的社会，如何有效地避免追求完美而产生的不利影响呢？

1.正确认识自己的能力。"人非圣贤，孰能无过"，这世上有完美的人吗？想来就算是圣人也难免会犯错。过分的苛求自己，想要面面俱到，只会让自己钻入死胡同。发扬自己的优点，规避自己的缺点，不要求自己面面俱到，只要求自己在优点上越做越好，对自己不擅长的东西果断放手，决不把时间花费在费力不讨好的事项上。

2.找到问题的根源。只有找到问题的根源了，问题才好解决。许多追求完美者问题的根源就是：无论做什么事情，都喜欢吹毛求疵，过于追求所谓的最完美境界。为了从99.9%跨越到理想中的100%，而为最终的那0.1%付出多出正常标准很多倍的时间、精力等资源。但是我们都知道，事情到最后的那0.1%最难获得，和前面根本不成比例，是得不偿失的，所以我们实在没有必要刻意地去强求它。

3.做事情有规律。能够坚持自己正常的学习和工作，想办法

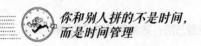
把自己的生活节奏安排得井然有序。与此同时，着重培养自己的业余爱好，争取让自己有广泛的兴趣爱好，通过社交及文体活动，分散和转移对完美的关注。

4.坦然面对失败。完美主义者通常更容易焦虑，因为他们总担心自己做得不够好。但是，当我们越担心，越焦虑，就越容易犯错。"胜败乃兵家常事"，仅仅是想到失败就让自己陷入焦虑，那失败也离你不远了。摆正自己的心态，享受成功，也接受失败，态度坦然了，情绪放松了，才会让工作更有效率。

学会借用他人的智慧和力量

面对繁琐的工作和生活，很多人简直恨不得长出三头六臂，或者来个多重影分身，把一分钟当成一个小时来用。但是，一个人的时间和能力都是有限的，与其自己亲力亲为，不如学会借用他人的智慧和力量，这无疑是帮自己分解压力、解决问题的最好办法。

有这样一个故事：

一个晴朗的午后，有一个少年和父亲一起打理花园。他们时而修剪草地，时而修剪树枝，时而给花草浇水。清风徐来，吹走了炎热，他们干起活来格外有劲。

父亲突然发现草地中央有一块大石头，就让少年把石头挪到草地外边。于是，少年使出全身的力气去搬石头，但石

178

头纹丝不动。忙了半天后，少年终于投降了。

"爸，不行啊，我没法挪动这块大石头。"

父亲以和蔼的语调跟少年说："孩子，如果你想尽一切方法的话，一定能挪开那块大石头。"

少年再次使出浑身力气试着挪动石头，可仍然未能成功，急得都快要哭出声来。这时候，父亲走过来轻轻拍一拍少年的后背说："孩子，我站在你的旁边静静地看着你奋力挪动石头，不过你好像忘了一件事。"

少年顿时瞪大了眼睛。

父亲微笑着说："你忘了我站在你身旁。我时刻做好了准备，就等你的招呼，可你根本不想向我求助啊。"

少年的眼睛闪了一下，向父亲说他需要帮助。当他和父亲合力把石头挪到草地外面后，少年高兴得喊了起来。"爸爸，我们终于做到啦！"

在日常生活和工作中，有许多故事中的少年这样的人，他们自己无法完成一件事情，却又不肯求助于他人，最后既耽误了时间，又影响了结果。

成功，在很大程度上是依靠自身的力量，因为内因才是事物发展的根本原因，但是外因也起着必不可少的作用，如果能够巧妙地利用外力，巧妙地利用他人的力量，你的成功之路也许会走得更轻松一些。

有一年，著名的美国麦凯公司要建一座新厂房，当时它还是一家小公司，新厂房需要25万美元，公司手头只有17.5万美元。他们去找银行寻求帮助，因为公司规模小没有可以抵押的资产，银行不肯贷款给他们。厂房必须要建，可资金到哪里去弄？厂房不能如期完工，新的项目不能按时投产，公司损失就会很大，最主要的是将影响公司的长远利益。

公司老板哈维·麦凯伤透了脑筋。后来他终于想出了一个新办法。他找到一个建筑商，对他说："我保证如果你以17.5万美元替我把厂房盖好，我会成为你最好的业务员，在未来五年之内，我会充分运用各种人际关系，替你找到最少五桩大生意。我有不少朋友正处在类似我的扩展阶段，我是他们中间首先行动的人，他们冷眼旁观，希望我为他们探路摸索，好省下他们的资金和精力，得到现成的经验教训。所以等我盖好厂房后，他们会对我言听计从。你想想五桩生意可比我这一件好多了。"刚开始，建筑商并没有信他的话，后来麦凯找来几个自己的同行，他们证实了麦凯所说的是事实。建筑商也从侧面打听到麦凯公司的确是一家很讲信誉的公司。于是同意了麦凯的请求，但是还是讨价还价。首先，他们要收20万美元，其次，要麦凯先替他找好两桩生意，麦凯想想也只好如此，再说筹措2.5万美元也是一件容易的事，于是双方达成了协议。

困难之中，麦凯想出了解决困难的办法，这一办法使麦凯公司节省了5万美元资金，厂房如期完工，新项目也按时上了马。麦凯公司的经济状况也慢慢好了起来。

一个人的能力是有限的，聪明的人懂得如何去借助别人的力量来为自己办事。能够有效借助于人，也是打通自己时间，打通自己人脉的一个重要手段。如果你能够有效借用别人的力量，并为己所用，那你做事情，就能够真正的事半功倍了。

香港富豪李嘉诚说："每天，我要处理的事情太多了，我又不是孙悟空，可以有三头六臂，我只是一个平凡人，所以，如果没有多人替我办事，我是无论如何不会取得今天这样的成就的。所以成就事业最关键的是要有人能够帮助你，乐意跟你工作，这就是我做生意成功的秘诀。"

在浙江土生土长的王超，原本是一个代客运送货物的小杂工。后来，他存了点积蓄，开起一家淘宝网店，专做网店邮购生意。由于资本太少，只能提供有限的几种商品，这样做了2年，生意仍无起色，每年只能做三四万元的业务。他想，必须与人合作，借助他人的力量，才能把生意做大。

是来凑巧，当他萌发出合作的念头后，不久便遇到了一个理想的合伙人。那天，王超外出上货，在长途汽车上，他遇到一个人。此人名叫张亮，想到浙江义乌去考察小商品市场。两人谈得非常投机，于是决定合伙做生意，并成立了一家网购公司。王超有2年的网店运营经验，张亮则资金实力雄厚。两人联手，可谓相得益彰。合作第一年，公司的营业额达到30万元，比王超搞单干时增长了近10倍。

王超和张亮都不懂经营管理，做点小生意还能支撑，生意大了就招架不住，两人都有了力不从心的感觉。他们决定寻找一个总经理，代替他们进行管理。

于是，他们就开始费尽心思搜寻人才，终于找到了一个合格的总经理人选。这个人名叫陆金，在经营管理方面很有一套。于是，他们把公司大权全部授予陆金，两人则退居幕后。

陆金果然不负重托，接受任命后就兢兢业业地为公司效劳。他发现，做网上购物生意与传统生意不同，一旦顾客对购买的商品不满意，调换很困难。如果不解决这个问题，很多顾客就会放弃网上购物这种方式，公司的发展将受到很大阻碍。为此，陆金严把进货质量关，决不让劣质品混进公司的仓库，以保证卖给顾客的每一件商品都"货真价实"。

那些厂商竟联合起来，拒绝供货，因为他们认为陆金对质量的要求过于苛刻。

这是一件决定公司前途的大事，陆金拿不定主意，赶紧去找王超和张亮商量。两位老板都很赞赏陆金的做法，并不断给他打气，予以支持。

陆金受到鼓舞，更加坚定了严把质量关的决心。那些厂商见抵制无效，担心生意被别的供货商抢走，最终不得不接受陆金的质量标准。

陆金严把产品质量关的经营策略，使公司因此声誉日隆，5年之中，它的营业额增长了30多倍，高达数千万元。

王超作为一个外行，能够在短短几年间，从一个微不足道的小杂工，变成一个千万富豪，得益于借用别人的力量为己所用。

试想一下，如果王超不是采用借力的方式，而是自己一个人一点一点从零做起，他不可能在这么短的时间内做成现在的成就。所以，借力往往比亲力亲为更有效率、更能成事。并不是说我们要丢掉自主，而是说我们要善于利用外部资源和他人的力量，这样才能大大提高我们做事的效率，这才是聪明者的做法。

在生活和工作中，许多人一旦忙碌起来，就恨不得立即长出三头六臂，马上把工作做完。其实，只要懂得借助他人的力量就可以左右逢源，分身有术。借力是时间管理中的一项重要内容，是一门精妙的管理艺术。作为最常用、最重要的管理技能之一，它受到了许多人的重视。善于借助别人的力量，你就获得了双倍的时间。时间就是效率，时间就是金钱。但是如果你学会借助别人力量这种工作方法的话，你就会发现时间胜于效率，时间胜于金钱。如果你正被千头万绪的工作所打扰，如果你正为缺少时间去赚钱而发愁，那么请尝试借助别人的力量来完成工作吧，它一定会给你带来意想不到的效果，节省大量的时间。

第七章 高效管理：
打造高效率的团队

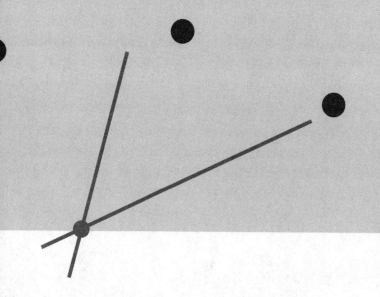

向会议要效率，召开高效会议

现如今，各种会议愈来愈多，碰头会、洽谈会、紧急会议、总结会……团队管理，必不可少的一个项目就是开会。"有事开会，没事也开会，开会再开会，不开怎么会"，面对常常临时安插进来的会议，很多人不禁这样的调侃，开会似乎是冗长枯燥的代名词。很多企业会议开的没有效率，浪费了大量的时间、人力和物力，甚至可以说有些企业管理者不会开会。

月初，韩磊被公司提升为销售部经理。新官上任，他决定召集所有的部门员工举行会议。他将会议通知的任务交给助理小丽。小丽接到任务后，对着办公室的人大声广播道："经理说了，明天下午开会，所有人都要参加。"

第二天下午，韩磊打算召开会议。他将小丽叫到办公室，对他说："你去安排一下，五分钟后我们开会吧。"小丽点头答应，跑回办公室对部门内的所有人说："现在去会议室开会吧。"话音刚落，有人抱怨说："手头还有紧急的工作没完成呢！"有人抱怨说："我约见的客人马上就要到了。"……抱怨声此起彼伏，小丽生气地说："经理让开会的，你们自己看着办吧！"有一个员工根本就不知道开会的事情，原来昨天小丽通知的时候，他出去拜访客户，不在办公室。

员工们陆续起身，来到会议室门口，才发现会议室里面已经坐满了人——其他部门正在开会。小丽只得折回经理室，对韩磊说："经理，其他部门的人正在会议室开会，会议室现在不好用。"韩磊想了想，说："那就等一会儿吧。"

半个小时后，会议室空置出来，大家陆续来到会议室。这时，韩磊也过来了，他做到会议桌中间的位置，看了看周围，发现还有些员工没有来。他说："还有人没到，我们再等等。"小丽也起身去办公室催促。

又过了10分钟，人员全部到齐了。韩磊宣布会议开始。他说："召集大家来开会，主要想讨论以下几个问题：1.本部门的月度目标；2.各位对我今后工作的想法和要求；3.产品销售话术的完善。"员工们听到议题后，面面相觑，不知道从何处开始讨论。

韩磊也不知所措地望着大家，不知道如何将会议进展下去。沉默了很久，大家才你一言我一语地开始说话。可是，说话的内容却漫无目的，随意扩展。说着说着就扯到了公司的薪酬体系上，大家各有看法，抱怨声一片。这时，韩磊开始说话了，他详尽地阐述自己今后的工作计划，一个人足足讲了半小时还不停歇。只是他的计划与大家的实际工作并没有太大关系，人们听着听着就不耐烦了。有人开始发短信、小声交谈、发愣、无所事事地用笔在纸上乱画，更有甚者假装接听电话离开了会议室。

会议室里的人越来越少，最后会议不了了之。

开会的目的就是解决问题，会议如果没有达成结果，将是对大家时间的浪费。很显然，这是一次无效的会议。每个职场人士，应该说或多或少都会遇到过这样的现象：原本有一个重要的事情要办，突然上面宣布有一个重要的会议要您参加，您不得不放弃；会议开了半天，离题万里，竟不知道会议所云……；会议与你相关的内容不到10分钟，你却不得不等上2小时，会议结束后才能离开；开会时间已过点，应会人员却拖拖拉拉、来者无几，会议发起人不得不打电话挨个找人；参会人员已到齐，却因为一个重要参会者不在，要等上半小时甚至更长时间；会上领导讲得滔滔不绝，眼看就过了下班的时间，但他还意犹未尽；原定1小时的会议，结果吵吵闹闹3小时也没结束，甚至不欢而散；几个小时的会议结束了，会后什么也没留下；一个商务会议一开就是好几个小时，却没有任何结果，合作伙伴很失望；会上承诺的营销计划，会后却没有人去追踪和落实，经销商很生气。凡此种种，不一而足。所以说，会议怎么开、如何更有效率，是值得认真探讨的一个重要议题。

　　国内有一家知名啤酒企业曾以为自己效率很高，结果有一次到比利时英博集团观摩，却发现他们的工作效率还有很大提升的空间。他们发现，英博为什么一个营销经理人能驾轻驭熟管理数百成千业务员、10多个片区？不是因为比利时人比我们聪明，而是他们每次开会都是标准化操作模式，包括会议的目标、议程、参与者、主持、决议、执行等都是标准化，连两个不同的会前后隔几天开都是标准化的。这家啤酒企业震动很大，回去后也开始对会议进行梳理、分类，进行标准化管理。

　　开会的目的是指引工作方向，使工作更有效率地开展，高效的会议会短时间内达到交流信息、解决问题和作出决策的目的，而失败的会议只会成为例行公事，成为领导和员工的负担。

　　现代社会是一个讲究效率的社会，传统的会议形式、方式、模式许多已经难以适应工作的需求，必须随着时代发展，赋予会

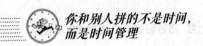

议管理新的内容，使其发挥越来越重要的作用，承担着越来越重要的职责。

日本著名的企业家士光敏夫有一个著名的"五提倡会议律"：一是提倡开短会，他认为所有会议的时间都不应超过一小时；二是提倡站着开会；三是提倡所有与会者都要发言；四是提倡发言时间要有节制；五是提倡各抒己见，勇于争论。这其中有三项都彰显着管理界所倡导的"会议要保持短平快"的观点。

缩短会议时间，意义重大，影响深远。会而议，议而决，决而行，行而果，这是高质量会议的最终目的。高质量的会议要规格适度、会风端正、会议简短、准备充分、取得效果。对于会议议定的事项、布置的工作任务、提出的办法措施，务必使直接执行人明确是为什么、怎么做，力求使每次会议都有具体的成果。

管理离不开会议。开好会，也会提高效率，提高生产力。会议开好了，贯彻落实抓好了，管理工作就成功了一半。倘若我们遵循一些简单的规则，会议就可以变成一种非常有效的工具。那么，如何高效开会呢？

1.确定开会的必要性。如果会议内容只是单方面的信息传递，那么以文件、电话或网络等通知形式即可，没必要大动干戈组织开会。如果是决策性会议，要首先权衡开会需要达到的目标跟参与开会的人涉及的工作影响程度之间的利弊得失。要做到"若非必要，绝不开会"。

2.明确开会的目的。开会通常为了三个目的：沟通、管理和决策。而不管哪一个目的，会前一定要明白会议的主题，围绕主题有的放矢做充分准备。

3.做好会前准备工作。参加会议前要根据得到的会议议程作充分的准备，包括收集信息、准备资料，如要在会上发言不但要准备发言内容，还要设想别人可能会提的问题并作准备。这些能大大提高会议的效率。

4.用先进的手段开会。建议应用PPT，要求简明扼要、重点突出、逻辑清晰，图表结合。另外，电话会议、视频会议可大幅节省交通、住宿等费用和时间成本，大大提高沟通的效率。会议决议发放、跟踪等也可通过Email、OA、IM（包括QQ、POPO、MSN、SKYPE、RTX等）等多种工具和手段来宣导、提醒和落实。

5.控制发言时间。有效地控制发言时间，可以使会议尽可能简短且有成效。开会时，有些人好为人师，喋喋不休，他们不仅消耗时间，还会让可能拥有最佳想法但不如他们那样伶牙俐齿的参会者没有机会发言。会议主持人有必要礼貌地打断他们，以缩短冗长的个人独白。

6.会后追踪。会议决策情况的跟踪检查，非常重要。首先是检查要及时。在会后的几天里，要检查有关部门对会议决议的贯彻落实方案。其次是定期查落实。对会议的贯彻，制定及各节点，每个节点都要进行检查。三是决策完成期限要进行及时的总结，好的表扬，错的处罚，确保会议有效性的贯彻落实。

总之，会议是一个易于提高效率、形成决策的场合，也是最容易浪费资源而不易察觉的场合。开好会议是每一个管理者都应该面对的重要课题。

多与人合作让事情更轻松

21世纪是一个知识经济的时代，也越来越要求团队合作能力。作为管理者，若真的想成就一番事业，必须发扬合作精神。

如果没有其他人的合作，任何人都无法取得持久性的成功。哲学家威廉·詹姆士曾经说过，"如果你能够使别人乐意和你合作，不论做任何事情，你都可以无往不胜。"合作是一种能力，更是一种艺术。唯有善于与人合作，才能缩短成功的时间，获得更大的力量，争取更大的成功。

钢铁大王卡内基拥有的巨大财富，实际上是集体的智慧和结晶。虽然卡内基拥有为世人所称道的财富，但他绝非一个孤独的、独裁式的大财阀。他喜欢与人共同创造财富，共同分享财富。他能够使人们跟随着他为了他既定的目标和自己的人生理想而前进。

作为一个原本毫不出名，而且对钢铁生产知之甚少的小工，当历史将卡内基推向钢铁事业的时候，他毫不犹豫地接受了命运的挑战。他坚信事在人为，坚信世界上那些专门知道比自己丰富得多的人物，只要把他们网罗到自己的麾下，就一定能够成就自己伟大的事业。于是，卡内基四处网罗人才，用将近50名专家组成了一个智囊团，这些人与卡内基有着共同的目标就是将钢铁事业推广。在卡内基的创业过程中，正是经由无数专家的出色谋划，才解决了生产经营中的众多疑难问题；正是无与伦比的心灵力量融洽的凝聚，产生了美国历史上第一个"财团"。

当今社会，竞争日趋紧张激烈，社会需求越来越多样化，使人们在工作学习中所面临的情况和环境极其复杂。在很多情况下，管理者单靠个人能力已很难完全处理各种错综复杂的问题并采取切实高效的行动。所有这些都需要人们组成团体，并要求组织成员之间进一步相互依赖、相互关联、共同合作，依靠团队合作的力量创造奇迹。

比尔·盖茨可以说是公认的聪明绝顶的人物，但他所取得的成就同样也不是由他一个人所创造的。其中，对比尔·盖茨的事业起到了决定性帮助的人物当属现任微软总裁史蒂夫·鲍尔默。

盖茨是一个计算机技术的天才，可他在公司管理方面却显得手足无措。以至于微软刚成立的时候，就陷入了重重危机。盖茨清醒地认识到了这一点，在学校期间，盖茨就是一个沉默内向的人，他参加的绝大多数交际活动都是好友鲍尔默极力鼓励的。同是哈佛高材生的史蒂夫·鲍尔默，知识面广，反应敏捷，判断准确，善于把握商机，是一个天生的管家。更可贵的是鲍尔默很早就开始了商业实践。在高中时，鲍尔默就担任了小篮球队的经理人。当时的教练会议说，鲍尔默是他当时见过的最好的经理人，球队需要用的球和毛巾总是放在它们应该放的地方，他从那时起就是团队精神的典范，因此，整个队伍的状态一直都非常好。由于受到犹太家庭的正统教育。

于是，盖茨决定去找鲍尔默。1980年，比尔·盖茨在他的游艇上以5万美元的年薪说服了当时就读于斯坦福大学商学院的鲍尔默加入微软。从此，这两位性格迥异的好友通力合作书写了一个制造财富的神话。

成功不能只靠自己的强大，成功需依靠别人。作为管理者，无论你有多大的能力，你都要懂得这样一个道理："你无法独自成功。"因此，你必须让你周围的同事来帮助你。有了他们的帮助，你才能更快地达成你的目标。

在竞争日益激烈的当今社会，企业工作日益复杂，管理者在很大程度上已经无法独立完成组织协调等各项工作，客观上需要发挥集体和团队的力量。能否调动一班人的积极性，是检验一个团队是否有生命力、能否出战斗力的关键所在。尤其是高层管理者要充分认识到自己的工作成效如何，不是自己具体做了多少事，而是看有没有调动一班人各尽所能地去做成事。

1928年9月，包罗·高尔文兄弟以750美元收购了芝加哥图尔特公司的全套B型整流器生产线及设备，摩托罗拉公司最早的产品是整流器和收音机，最初的名称是"高尔文制造公司"。直至1947年，才正式更名为"摩托罗拉公司"。之后摩托罗拉公司分别在军事、航天、商业等多个领域的通讯产业取得骄人成绩，并建立了自己的半导体工厂，还开始开发消费类电器。包罗的儿子罗伯特·高尔文自从1959年到上个世纪末，执掌摩托罗拉的帅印后，带领摩托罗拉进军国际市场，并使之成为世界一流的公司。

作为一个国际化的大型企业，它的发展和壮大是经过了几代领导者和员工辛勤努力和奋斗的。在企业不断壮大的同时，根据自身的经验他们也总结出了许多成熟的企业文化，其中"重视团队的作用"就是一个其十分得意的经验总结。正是因为摩托罗拉上下都发扬了这一企业管理理念，才实现了企业整体和员工个人双赢的大好局面。

团队运作在摩托罗拉企业发展中充当了最重要的代步工具和清道夫。这个过程中，摩托罗拉组织了一系列的团队活动。在这些活动中，"顾客满意团队比赛"最值得称道。

摩托罗拉的前副总裁兼参与管理计划处长吉尼·辛普森曾这样评价这种活动："开始设计这项比赛时只是希望能使大家更加认同团队工作，并借此机会表扬优秀团队，不过，它也渐渐地展现出自己的生机。为了加入比赛，各个团队开始团结协作共同寻找并解决问题，其结果是员工变得更主动地关注顾客满意与产品质量。"

这个过程中，摩托罗拉的领导者高尔文的个人魅力也起了很大的作用。在高尔文的支持和鼓励下，员工们开始对这个比赛变得狂热，并且纷纷争先恐后地自发加入，形成了燎原的态势。据统计，在1994年，全公司参与团队活动的员工人数高达53000人，这个数字几乎是当时总员工数的一半。但是，一个优秀的团队，不应该仅仅存在一个大英雄，而应该人人都是英雄。一个企业不仅仅需要高层那么几个英雄人物，更需要形成一个强有力的团队，也需要普通员工的团队精神。

狂热的团队比赛给摩托罗拉带来了巨大的效益：某无误差团队建立一套永久的生产流程组合，每年为公司节省700万美元；慕尼黑的"艺人"团队减少不良率达500％，交货周期减半，产品销量增加290％；NML的"闭嘴"团队最终测试产能增加109％，测试成本降低20％，改善可目视不良率达1600％。

事实证明，在摩托罗拉推行的"重视团队的作用"的企业管理理念，给企业带来了巨大的经济效益。

团结就是力量，而且团队合作的力量是无穷尽的，一旦被开发，这个团队将创造出不可思议的奇迹。同心山成玉，协力土变金。团结合作是一切事业成功的基础，它不仅强调个人的工作成果，更强调团队的整体业绩。管理者只有依靠团队的力量，才能把个人的愿望和团队的目标结合起来，产生1+1>2的效果。

在当今社会里，管理者的成功已不再是个人英雄式的自我成功，而是他所带领的团队的成功，团队的成功才是真正的成功。在任何行业，成功者的背后一定有一支强大的团队。世界前首富保罗·盖帝曾经说过："我宁用100个人每人1％的努力来成功，

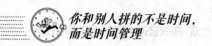

也不要用我个人100%的努力来成功"。的确，管理者依靠个人的力量成长是有限的，而依靠团队合作的力量，带给你的成功将是无限的。

不会指挥人只能自己干到死

对一个管理者来说，如何对待权力，反映了他的管理观念是进步还是落后。有些管理者对别人办事，一万个不放心，凡事都要亲自过问，死抓住不放，结果束缚住了员工的手脚，反而使工作迟缓、缺乏创意；相反，有些管理者能够给员工权力，鼓励他们多动脑筋、放开手脚，结果工作突飞猛进、效益倍增。这种事不必躬亲、权不必死抱的做法，就是授权。

授权是领导职责的一个重要内容，也是一种重要的管理方式。授权就是权力授予他人，以使其完成特定的任务，它将决策的权力从组织的一个层级交至一个更低的层级。

美国一个零售巨商曾经说过这样一句话："身为一个领导，他要明白想逼死自己最快的方法就是大权一把抓。"一些管理者之所以成天忙忙碌碌却又干不到点子上，其原因就是大事小事都要插上一把手。这管理导者一方面抱怨事情干不过来，另一方面又事无巨细，什么事都要亲自管。当下级一有问题时，他便亲自去处理那些本应由下级处理的问题，陷在事务圈子里不能自拔。这种唱"独角戏"的做法，与现代管理的方式毫无共同之处。而管理者也会很快陷入顾此失彼、全局观缺失的管理智障中。

不论是哪一级管理者，一旦患上了事必躬亲的毛病，就可能忘掉"让专业的人去做专业的事"的基本管理原则，而使自己及企业陡增更多犯错的可能——尤其糟糕的是，如果用对的人去做对的事，这些错误本来是可以避免的。与此同时，在对一些大事的处理和对市场机会的把握上，又会延误战机错失机会。简单地说，越想通过亲力亲为做得好一点，就越可能把事情弄砸；越想眉毛胡子一把抓，种种问题就越是丛生，越难提升团队的经营、管理绩效。

一位设计出身的，后来自己开了一家装饰公司。曾经有一段时间，他白天出去跑客户，晚上就在办公室一宿一宿地给客户赶装修的图纸。累了，就趴在办公桌上打个盹，饿了，就泡袋方便面。连刚刚谈上不久的女朋友，他都没时间约会见面。他招来的那几个专门做设计的员工又在干什么呢？上班后，他们偷偷地边QQ聊天，边玩反恐、魔兽等网络游戏，因为没事干啊——活儿都被不放心他们的老板抢去做了。下班了，他们一个比一个跑得快。后来，这位老板终于发现，自己没日没夜地拼命，却相当于开了一个免费的游乐场，再这样继续下去，公司肯定会垮。于是，痛下决心将以前不放心交给员工的工作，放给员工做，自己将主要精力放在市场开拓上。再后来，老板轻松了，与员工的感情也融洽多了，公司业绩逐月上扬。

著名企业家刘永行在接受采访时曾说："企业做大了，必须转变凡事亲历亲为的观念。一定要让职业经理人来做，强调分工合作。原来我一个人管理十几个企业，整天忙得不得了。后来明白了，是我的权力太集中，所以，我痛下决心，大胆放权。放权之后，我每天有七八个小时的时间学习。"的确如此，一个企业在创业时期，管理者往往是亲力亲为、全责全能，这对企业的快速决策和发展是有好处的。然而，当到企业发展到一定规模时，管理者就要逐步退出一些事务性工作，分权授权给有能力的员工，建立团队管理和现代公司制度。如果管理者依然工作事无巨细，面面俱到，势必造成在一些重要环节上精力不足、思虑欠周，很可能"捡了芝麻，丢了西瓜"。

某家企业的企划部总监。他每一次谈及近况时，总会抓抓头顶日渐稀疏的头发，用给人感觉好像永远没睡够的眼睛瞪着我说："最近忙死了，一边是新品上市的企划，产品定位、广告创意、软文写作、上市活动设计、物料制作等等一大堆的事儿；另一边是巡视市场、拟定促销方案、媒体购买和执行促销活动……唉，总之，就一个字——忙。他们？他们有他们的事做，况且有些事他们也做不了……"其实，事实并非如此。当这位总监坐在电脑前一连工作几个小时的时候，他的下属们已经在浏览了好几份报纸之后，接着又看完了互联网上一场两个多小时的NBA直播。

这位总监为什么不将手头的工作分一部分给自己的下属做呢？为什么不安排一些市场调研的任务给下属呢？为什么不叫下属提前准备今后肯定要做的一些工作呢？在为了制定一份市场管理制度，总监几乎要抓破头皮的时候，他的下属们已经聊完了国内明星的花边新闻，开始将话题转移到了贝克汉姆和他老婆辣妹的风流韵事上了。总监为什么不让自己暂时停下来，把下属们召集到一起开一场各抒己见的短会，在很短的时间内群策群力地把这件事做得更好呢？为什么不将某些环节的工作交给下属，让他们和自己一起跑起来呢？在为了一份印刷品、几样物料、一则报纸广告，三番五次往印刷厂、广告公司、报社跑的时候，他的下属们正在办公室享受着空调，吃着零食，聊着闲天。

校稿、催进度、定刊期及版面之类的事情，为什么就不能交给自己的下属来做呢？怕他们做不好？不放心？如果连这些技术含量较低的工作都担心下属们做不好，那当初为什么还要经过层层选拔，将他们招聘进自己的部门呢？其实，扭转这般局面，使问题有所改善，并不需要很高的管理素养。

当你感到要处理的事情没头绪，自己变成了一个忙碌的事务主义者的时候。一些管理者总是担心下属素质差，对下属的责任心与能力存在怀疑；另一些管理者则是担心下属能力太强赶超自己，这是管理者的阴暗心理在作怪——尤其是那些缺乏自信的无能的管理者。正是因为如此，管理者们更加坚定了"忙晕自己"的做法，以至于忽略了员工们的责任心与能力是完全可以通过任务得到检验而明朗化的。他们同时也限制了优秀下属的脱颖而出，无形中阻碍了企业人才结构的优化进程，减慢了企业的成长速度。

真正出色的管理者应该主动推荐自己的优秀下属走上管理岗位，这其实也是在帮助自己在企业中走得更稳，赢得更多。

松下幸之助说："我身体羸弱，不能事必躬亲，但反过来说，我只要花一分钟就能把事情做好，这话怎么说呢？只要我有意图，然后下定决心，就等于已经成功了。'下决心'是社长的主要工作，与要不要战争由主将决定是同样的道理。"现代企业制度的建立，使得管理者活动更具有复杂性和多变性，而善于授权、讲究授权艺术应成为现代管理者活动的重要特征和追求目标，让自己的员工"动"起来，使授权的魅力淋漓尽致地展现出来。

山姆·沃尔顿说："一名优秀的管理者，最重要的一点就是懂得授权和放权。"他们往往乐于并且善于将权力分配给自己的下属，他们懂得该放手时就放手，为下属创造一个施展才华的舞台。迈克尔·波特也认为："管理者唯有授权，才能让自己和团队获得提升。"

戴尔电脑公司今天已是全球举足轻重的跨国公司。创始人迈克尔·戴尔刚开始创业时，也曾发出这样的抱怨，但他很快就找到了原因，并找到了解决的办法，那就是授权。

戴尔事业初创时，由于经常加班赶活，再加上他刚离开大学，习惯了晚睡晚起的作息，第二天经常睡过了头，等他赶到公司时，就看见有二三十名员工在门口闲晃，等着戴尔开门进去。

刚开始戴尔不明白发生了什么，好奇地问："这是怎么回事？你们怎么不进去？"

有人回答："老板，你看，钥匙在你那儿，我们进不了门！"

戴尔这才想起公司唯一的钥匙正挂在自己腰间，平时总是他到达后为大家开门。

从此，戴尔努力早起，但还是经常迟到。

不久，一个职员走进他的办公室报告："老板，卫生间没有卫生纸了。"

戴尔一脸不高兴："什么？没有卫生纸也找我！"

"存放办公用品的柜子钥匙在你那儿呢。"

又过了不久，戴尔正在办公室忙着解决复杂的系统问题，有个员工走进来，抱怨说："真倒霉，我的硬币被可乐的自动售货机'吃'掉了。"

戴尔一时没反应过来："这事为什么要告诉我？"

"因为售货机的钥匙你保管着。"

戴尔想了想，决定放权，不能事无巨细一把抓着。他把不该拿的钥匙交给专人保管，又专门请人负责其他部门。公司在新的管理方法下变得井井有条。

授予员工必要的权力，有助于培养员工的自信心，充分激发他们的潜能，提高他们解决实际问题的能力，而且还能大大提高管理者本身和团队的工作效率。这是管理的技巧，也是一种艺术。

前美国参议院及贝尔公司董事长查理·波西曾说过："在我从事管理工作的早期，曾经得到一个教训是：不要想一个人独撑大局，要仔细挑选人才，雇佣人才，然后授权给他们去负责料理。我发现，帮助我的部属成功，便是帮助整个公司成功，当然更是我自己个人的最大成就！"可见，管理者懂得适当地授权，对于减轻自己的工作负担，增强组织的凝聚力和战斗力，发挥员工的专长等，都具有十分重要的意义。

授权是管理者激发员工潜能的前提，也只有授权，管理者才能去做更重要的决定以及思考企业的远景、方向。而员工则从被动的执行者，成为具有判断、创新能力的人才，并发挥高效的执行力。所以说，授权不仅是权力的赋予，也是让员工学习和成长的开始。

激励员工，将个人业绩转化为团队效益

激励是现代管理过程中常用的一种领导手段。所谓激励，就是管理者遵循人的行为规律，运用多种有效的方法和手段，最大限度地激发员工的积极性、主动性和创造性，以保证组织目标的实现。

在企业激烈的市场竞争中，一个士气低落的团队是无法取得成功的。著名管理顾问尼尔森提出，未来企业经营的重要趋势之一，是企业经营管理者不再像过去那样扮演权威角色，而是要设法以更有效的方法，激发员工士气，间接引爆员工潜力，创造企业最高效益。

研究表明，一个人的工作成绩决定于其个人能力和激励水平两个因素的合成量。在员工能力一定的情况下，激励水平的高低将决定其工作成绩的大小。因此要提高效绩，主要取决于管理者对员工的激励程度，取决于激励政策是否能满足员工的需要。

某服装厂接受了一批外商定货，货量大，时间紧，如按正常生产率是无论如何也不能在交货期日完成，而工厂如果不能按期交货，则不得不向外商赔偿一笔巨额违约金，并严重影响到信誉。但老板为此召开了全厂职工大会，发表了热情洋溢的讲话：

"工友们，今天，有一件十分重要的事要和大家商量一下，这件事，事关咱们玩具厂的生死。大家知道，最近两年来市场竞争激烈，咱们玩具厂的利润不断下降，已经严重影响了大家的利益。作为厂长，我没有能力让大家多得工资，很对不起大家。但是，现在机会来了，这里有近十万美元的外商定货任务，我知道在短短一个月的时间内完成它有困难，但是，工友们，我们抢到这个合同不容易呀，不干，我们就没饭吃。"老板停顿了一下，目视下属，突然间喊了一声："工友们，咱们干不干？"

"干！"会场上响起一片喊声，"加班加点，拼死拼活也要完成它。"

"好，工友们，有这句话我就放心了，现在散会，请大家回去，准备接受任务，我保证工作完成之后，每个人都将得到一个厚厚的红包。"

由于老板鼓动起了下属的热情，大家齐心协力，努力生产，加班加点，果真在交货日前三天完成了全部生产任务。

这位老板很会鼓动人心，把工人的热情调动起来，使工人们感到，这批任务完成与否，事关工人的切身利益，"不干就没饭吃"；最后，老板又把工作同每个人的物质利益直接挂钩，直接提出工作完成之后给予每个人一份奖金。真可谓精明老到，滴水不露。可见，优秀的企业管理者的最大财富就是善于激励人，善于为别人鼓气。这也是一个管理者的必备素质。

激励是提高工作最有效的手段之一。美国哈佛大学组织行为学专家詹姆斯教授对2000多名工人进行测试，结果发现：在无激励的情况下，每个工人的能力通常只发挥20%～30%；如果受到充分的激励（如管理者寄予希望、员工之间竞争、按劳计酬），他们的能力可发挥80%～90%。詹姆斯教授以一句精彩的话总结了这个实验结果："士气等于三倍的生产率。"此话已经成为工商界的名言。

一个企业或组织也像一个人一样，"气实则斗，气夺则走"。而且这种精神面貌在员工之间相互影响，形成一种相对稳定的精神惯性。士气影响员工工作的积极性，士气低就等于积极性低，士气高就等于积极性高。只有提高员工的士气，企业才能快速发展。

激励是管理者提高员工斗志、高效开展工作的有效手段。在管理员工的过程中，管理者必须放下手中的"鞭子"，多使用煽情妙语去激发士气，赢得员工的尊重和理解，在友好和合作的气氛中，使员工愉快而又积极地去工作，从而取得与员工之间"双

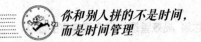
赢"的完美结局，而企业也能因此更进进一步。

有一天，一位工厂经理垂头丧气地向他的大老板——一个全美最知名的企业家之一讨教，因为他的员工长期一直无法完成他们的份内工作，他为此束手无策。"你这样能干的人，"企业家问，"怎么不会使工厂员工发挥工作效率？"

"我不知道。"那人回答，"我向那些人说尽好话，我在后面推他们一把，我又发誓又诅咒的，我也曾威胁要把他们开除，但一点效果也没有。他们还是无法达到预定的生产效率。"

当时日班已经结束，夜班正要开始。

"给我一根粉笔，"企业家说。然后，他转身面对最靠近他的一名工人，问道："你们这一班今天制造了几部暖气机？"

"6部。"企业家不说一句话，在地板上用粉笔写下一个大大的阿拉伯数字："6"，然后走开。夜班工人进来时，他们看到了那个"6"字，就问这是什么意思。

"大老板今天到这儿来了，"那位日班人说，"他问人们制造了几部暖气机，我们说6部。他就把它写在地板上。"

第二天早上，企业家又来到工厂。夜班工人已把"6"擦掉，写上一个更大的"7"。日班工人早上来上班时，当然看到了那个很大的"7"字。原来夜班工人认为他们比日班工人强。他们当然要向夜班工人挑战。他们加紧工作，那晚他们下班之后，留下一个颇具威胁性的大"10"字，情况显然逐渐好转。

不久之后，这家产量一直落后的工厂，终于比其他的工厂生产得更多。

　　为什么原本产量一直落后的厂能够后来居上？原因就是管理者成功的激起了员工的好斗心。这里的好斗心指的并非是为了利益的不择手段，而是激起员工超越他人的欲望。挑战，是振奋人们精神的一剂良方。

　　无论一个管理者有多么优秀，个人也只能发挥1%的作用，但是假如员工受到很好的激励的话，就会发挥能量的100%，所以管理者的激励能力非常重要。通用电气CEO杰夫·伊梅尔特曾说过："一旦成为一名管理者之后，你所面临的最大挑战就是学会激励身边的人、培养他们，并帮助他们学会改变自己。你必须克服这一挑战，同时明白，管理者的任务就是为自己的团队成员提供服务。"

　　在现代企业管理中，激励已经逐渐成为管理者的首要职能，也是调动下属积极性的最佳方式。下属士气的高低，直接关系着企业的命运。能否有效鼓励下属，关键在于管理者。所以，企业的管理者必须要懂得如何激励下属，如何去发掘下属的潜能和热情，以适当的激励方式来调动下属的积极性，打造一个团结、和谐、高效的工作团队，实现企业的管理，维持企业的向心力和凝聚力，实现企业的最终目标。

能力再大，也要注意分权和授权

　　在团队管理中，管理者不可能将任何事务都一揽己身，亦不可能通晓管理范围内有关的各种专业，只有物色人才，适时授予权力，驾驭得当，你的事业才可发展拓深，日益强大。假如一切事情都要由管理者来管，而不是把一部分权力交给员工，让他们去办理，管理者纵使有三头六臂也是难以胜任的。

美国著名的管理行为学家布利斯有一句名言：一位好的经理在他的助手脸上总有一副烦忧的面孔。这句话的意思是说，好的管理者懂得向其助手和员工授权，会充分调动他们的主观能动性去完成任务，而不是自己包揽一切，结果使自己疲惫不堪，面孔忧烦。一个高明的管理者，其高明之处就在明确了下级必须承担的各项责任之后，授予其相应权力，从而使每一个层次的人员都能司其职、尽其责。管理者除了作出必要的示范外，一般对员工无需太多干预，不宜事无大小一律过问。这样做的管理者，就是懂得授权艺术的现代管理者。

有这样一则故事：

有一天，一个男孩问迪士尼的创办人华特："你画米老鼠吗？"

"不，我不画。"华特说。

"那么你负责想所有的笑话和点子吗？"

"也不。我不做这些。"

男孩很困惑，接着追问："那么，迪士尼先生，你到底都做些什么呢？"

华特笑着回答："有时我把自己当作一只小蜜蜂，从片厂一角飞到另一角，搜集花粉，给每个人打打气，我猜，这就是我的工作"。

童言童语间，一个管理者的角色跃然而出。管理者是团队的灵魂人物，他不应该是一个事必躬亲的忙碌者，而应该是一个善于指挥分配的管理者。

面对经济、科技和社会协调发展的复杂管理，即使是超群的管理者也不能独揽一切。管理者的职能已不再是做事，而在于成事了。出路在于智慧，采取应变分身术：管好该管的事，放下不该自己管的事。因此，他们必须向员工授权。这样做对上可以把管理者从琐碎的事务中解脱出来，专门处理重大问题。对下可以充分发挥员工的专长，激发员工的工作热情，增强员工的责任心，提高工作效率，并可以根除企业内部的信任危机。

思科公司的总裁钱伯斯认为，最优秀的领导者并不需要大包大揽，事必躬亲，其关键作用在于如何把人员合理地进行统筹安排。他说："很久以前我就学会了如何放手管理。你不能让自我成为障碍，成为一个高增长公司的唯一办法就是聘用在各自的专业领域里比你更好、更聪明的人，使他们熟悉他们要做的事情，要随时接近他们，以便让他们不断听到你为他们设定的方向，然后，你就可以走开了。"如果是中央集权制，即上面做了决定，下面只是执行，大家就不会有动力。而钱伯斯的做法是：不告诉下面的人应该怎么去做，而是告诉他们一个目标，让他们来看怎么实现这个目标。在钱伯斯的"分权"理论指引下，整个思科的管理方式都有了极大的变化：他们摒弃了"指令性管理法"，采用"目标管理法"。任何人都不能够对员工的具体工作指手画脚，上司只能够大体制定一个方向，具体操作就由员工自由发挥了。这样一来，在目标的确定上由上下级共同讨论商议完成，在目标的实现上，员工会有很大的灵活范围来采用具体方法。每个人没有必要一定要听从其他人的指令才能够完成任务，员工自己的方式也许会将工作完成得更好、更快。

在思科，高级管理层确定战略和目标，建立公司所需要的文化，然后放权到基层，公司更多的基层人员拥有决策权。这样做就使得公司的许多事情是由市场来决定的，而不是公司决定市场。而且随着互联网的飞速发展，思科也发生了新变化：许多以前只能由高级管理层掌握的数据现在到了个人手中，像基层人员和客户。放权给他们，决策的质量会得到更快的提高。

钱伯斯认为，一个人的能力是有限的，只靠一个人的智慧指挥一切，即使一时能够取得惊人的进展，但是终究会有行不通的一天。因此，思科公司今天的成功不是仅仅靠首席执行官的管理，不是仅仅依靠高层管理人员的努力，而是依靠全体思科员工的集体努力才获得的。

从这个案例，我们可以看出，通过有效授权，管理者将庞大的企业目标轻松地分解到不同人身上，同时将责任过渡给更多的人共同承担，让团队每一个职员更加有目标、更加负责任、更加投入、更有创造性地工作，产生"四两拨千斤"的巨大力量和"九牛爬坡，个个出力"的协作精神。

现代管理者的一个非常重要的职责就是要把工作委派给别人去做。当然，在指派工作的时候要合理，要顾及各个人的能力，以及执行不同任务所需要的时间。不然如果造成时间差，就会造成时间的更大浪费。那么，管理者怎样做到有效地委派呢？

1.选定能够胜任此项工作的下属。要做到有效委派，管理者就需要对下属进行完整的评价。你可以花几天时间让每个下属用书面形式写出他们对自己职责的评论。要求每位工作人员诚实、坦率地告诉你，他们喜欢做什么工作，还能做些什么新工作，然后，你可以召开一个会议，让每个职员介绍自己的看法，并请其他人给予评论。如果你发现有的职员对自己的工作了解很深，并且远远超出你原来的预料，这些人就有可能具有担负重要工作任务的能力和智慧。

2.让下属明确工作指标与期限。管理者委派工作，必须让下属了解自己在工作中必须达到哪些具体目标，以及在什么时间内完成，清楚了这些才能有基本的行动方向。委派工作不是单单把事丢给下属，还要让他明白你期盼些什么。

3.让下属知道所委派工作的重要性。在向下属委派工作之前，需要把为什么选他完成某项工作的原因讲清楚。关键是要强调积极的一面。向下属指出，他的特殊才能是适合完成此项工作的；还必须强调你对他的信任。同时，还要让下属知道他对完成工作任务所负的重要责任；让他知道完成工作任务对他目前和今后在组织中的地位会有直接影响。

4.不要重复委派工作。重复委派工作就是，把一件相同的事情同时交给两个人做。这会让这两个人相互猜忌，怀疑公司，甚至怀疑管理者的能力。

5. 委派工作后要充分信任下属。管理者向下属委派工作后，就应信任下属，做到"你办事我放心"，不得干预下属在职权范围内独立处理问题的权力，更不能不和下属商量，随意另行决定和下达指令。只有建立起相互信赖的关系，才能使委派工作顺利有效。否则，上级对下属疑虑重重，事事过问，而下属对上级也怀有戒心，不敢放开手脚工作了。但是信任又不等于放任，委派工作后还必须对被委派下属的工作实行必要的监督和控制，如发现问题，应及时纠正；对严重偏离目标，力不胜任或滥用权力的下属，要及时调整更换。

6.对下属的能力给予肯定。管理者要肯定地表示自己对下属的信任和对工作的兴趣。像"这是一件重要工作，我确信你能做好它"这样的话?可以对下属起很大的激励作用。

7.总结和评价。当被授权者完成任务的时候，应该及时进行总结和评价，分析自己授权是否成功以及被授权人是否成功完成了任务，如果是，则总结经验、再接再厉；如果不是，则吸取教

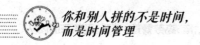
训，为下次授权做好准备。

总之，随着信息经济的不断发展，社会变得更加纷繁复杂，信息巨增导致管理者工作量倍增，各级管理者尤其较高层次的管理者，必须学会委派工作，减轻人力工作压力，提高工作效率，使得组织能更好更快地发展。

明确指令，高效率地安排下属工作

命令是管理者对下属特定行动的要求或禁止。命令的目的是要让下属照你的意图完成特定的行为或工作。如果管理者无法让下属准确的明白你的意图，就很难想象下属能圆满高效地完成工作。

"有令必行"是管理工作的通则；反之，在执行过程中，命令被打了"折扣"，必定达不到预期的效果。这种"折扣"法，在现代企业管理中时常是有的，或者说使命令在执行过程中走了样，变了形，致使企业工作难以有效进展。

某位上司对新来的女职员说："这个文件需要让董事长过目，你将它漂亮地装订一下吧。"结果，这个上司看到她拿来的文件大吃一惊，原来文件上竟然别了一个粉红色的蝴蝶结，封面上还用红笔写着："董事长亲启。"

这个事例中的女职员的做法虽然有些好笑，但却给企业管理者一个重要的启示：给下属的命令一定要明确，不要产生理解上的歧义。否则，不仅会浪费大量的时间，而且还很难达到下命令的效果。

就企业而言，管理者下达命令时不够明确，有时会使员工理解不了管理者的意图，延误工作，甚至产生更大的反作用力。例如，有的管理者在指示下属时，常使用一些含糊的用语，"要尽快把这项工作完成"。"尽快"有多快？也许你的意思是三天，而员工认为一个星期干完就已经是尽全力了。如此"语焉不详"就会使上下级之间产生不必要的误会：你觉得员工不够努力，而员工认为你没有交代清楚，怨不得自己。管理者没有清晰地将命令传递给下属，导致下属不了解所要执行的命令，执行中必然打了折扣。可见，下属工作效率的高低，在一定程度上与管理者下命令的方法有关。

> 王刚所在的公司计划搬到北京朝阳区的一栋大厦里，王刚负责与业务谈判、订立合同以及与家具商、装修公司联系等相关事宜。按照计划，公司搬完家需要四个月的时间，但是就在王刚正在选址时，公司来了一位新上司。新上司是王刚直属上司的上司，他直接过问了这件事。他认为四个月内搬完家是没有工作效率的表现，因而要求王刚直属的上司在两个月内搬完公司。
>
> 王刚的上司找到王刚，要求他尽快完成搬迁工作。王刚知道搬迁工作应该加速进行，但他觉得无论如何也不可能在两个月内完成。于是他请求上司给予帮助，上司对他说："你先做几个方案来，我们再研究研究！"王刚回去后，便制作了几份完成工作的时间进度表，修正后交给了自己的直属上司。上司看看这个、看看那个，觉得效果相差不大，于是对王刚说："我看几套方案没大的差别，你自己选一个决定吧！我会尽量为你争取时间。"

王刚听上司这么一说，有些为难，他就是想要一个明确的指示，结果还要自己选取。但是他了解自己的上司，他不喜欢重复说一样的话，如果问他问得不耐烦了，他很可能会终止自己的任务，另找他人接手。王刚想到任务易主，自然心有不甘，于是他几经比较，终于选取了一套方案来执行。

就在搬迁搬到一半的时候，直属上司忽然找到王刚，对他说："你是怎么搞的，竟然用这家装潢公司？你不知道他们信用差，不给客人用好料啊！我上司对我说，他的那间办公室装潢太差劲了，不仅材料不好，风格也不是他喜欢的，马上换装潢公司！"王刚这下傻眼了，他对上司说："不是你要我任选方案执行的吗？我选这家装潢公司也算是得到你的默许了啊！"上司一听生气了："你的意思就是我错了？你在敲定方案的时候有问过我吗？"王刚无言以对。

王刚只好又找了一家装潢公司重新装潢，结果不但工程要延期，还要赔偿上一家装潢公司的违约费，一举两失。王刚感觉很没有成就感，工作起来也没先前带劲了。

管理者下达命令不明确，很容易使下属的工作事倍功半，甚至是无功而返。身为管理者，只有指令明确才能使下属找准方向，顺利完成任务。

在我们的实际工作中，常常出现下达的工作指令不能有效的执行，是因为有些管理者下达的工作指令不明确，自身含糊不能明确说明工作的方向、目标、目的，工作的方法、手段、工作采取的措施等原因，自然达不到预期效果。所以，企业的管理者一定要做到指令明确，这样才能提高做事效率，达到良好的效果。

有一位企业管理者，因为得不到员工的协助而痛苦，他向前辈诉苦，前辈提醒他："你在命令员工时，是否明确地指出了命令的内容和目的呢?"经前辈的提醒，这位管理者才突然醒悟，原来在这之前，他从未对员工说明命令的目的。比如，他总是习惯于说："你抽时间把这份文件整理一下吧。"或者"我觉得这个计划还有不妥当的地方。"

于是，他开始有意识地去改正自己的缺点，他会说："这个资料必须在下周举办的员工大会上提出，所以，你必须在会议举行的前三天完成它。""这则求才启事除了登报纸，还可以刊登在求职杂志上，你要考虑到这一点，并且尽快把它做好。"这样的命令明显比以前的要清晰准确。从此，他与员工的合作非常愉快。

可见，只有管理者下达的命令十分清楚明确，下属的士气才会大为提升，并且精力充沛。在下命令时，管理者要做到：清楚、完整、简明和正确，尽可能地排除误解，保证传达渠道畅通无误。否则在工作中，就会走弯路，浪费大量时间。

在下达命令时，管理者要注意以下几点：

1.正确传达命令意图。下达命令时，管理者要正确地传达命令，不要经常变更命令；不要下一些过于抽象的命令，让下属无法掌握命令的目标；不要为了证明自己的权威而下命令。

2.大声地下达命令。管理者下达命令时，如果声音太小，有可能被员工误以为你是在说一件并不重要的事，因此，你必须明确地表示：这是上司在向员工下达命令。

3.指令叙述要中肯。为了使指令叙述得简要中肯，要强调结果，不要强调方法。为了达到这个目的，可以采用任务式的命令。任务式的命令是告诉一个人你要他做什么和什么时候做，而不告诉他如何去做。"如何做"那是留给他去考虑的问题。任务式的命令为那些替你工作的人敞开了可以调动他们的想象力、主观能动性和独创性的大门。不管你的策略是什么，这种命令的方

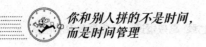
式都会把人引导到做事的最佳道路上去。如果你是在为你自己做生意，改善了方式和方法就意味着增加利润。

4.让下属复述你的命令。这条规则是绝对不可忽视的。如果你破坏了这个规矩，事情就会出乱子。如果下属没有听明白你的命令，那你肯定不会得到希望得到的结果。所以管理者要使这条规则成为一个硬性的规定去执行。很显然，当你让一个人重复你的命令时，他可能会恼怒。他会认为你这是在侮辱他的记忆力和理解力。这个你不用担心，有一个容易解决的办法。你只需说："小王，你重复一下我方才说的话好吗?我想检查一下我有没有遗漏什么，或者说了什么不当的情况。"这个问题不就马上解决了吗?

5.向下属发问，用以证实他们是否听明白了你的命令。例如，你可以问："你打算怎么理解这个问题?小李。""对于处理这件事你有什么看法? 小张。"等。

6.记下自己的命令。管理者往往工作很忙，如果下属很多，有时会忘记自己下达的命令。为了避免这种情况的发生，管理者应该将自己下达的命令记录下来，写明下达的对象、命令的内容、完成的标准及反馈时间等等。

总之，下达正确的命令可以提高时间效率，而错误的命令只会令下属忙作一团。管理者应对命令进行有效的研究和使用，使之成为管理中实现自我的权杖。